Atenas

ANAYA
TOURING

Autor: **Ignacio Merino**
Actualización: **Alicia Aparicio**

Responsable de proyecto: **David Lozano**
Edición: **Ángel Sirvent**
Cartografía: **ANAYA Touring**
Producción: **Juan José Rodríguez, Olga Hernando** y **Antonio Mellado**
Diseño de la coleccción: **marivies**

Procedencia de las fotografías:
123RF: 8 cab., 11, 16, 19, 34-35, 42-43, 76, 80, 84, 87a, 88, 91, 92 (2), 94 (2), 95, 96 (2), 97, 100, 109, 120d, 122. **AGE Fotostock:** 28, 63, 71, 75. **Candel C./Anaya:** 12, 22 cab., 25, 27 (2), 29, 33b (2), 34a, 70 (2), 77, 110. **Depositphoto:** 6, 45b, 89b, 95, 113. **Dreamsteam:** 17, 20-21, 50. **Grupo Anaya:** 69, 73 (2), 89a, 94a. **Istockphoto:** Cubierta (2), 34b, 44 cab., 65, 94b, 108 cab., 111, 115, 124, 131, 136 cab. **Paco Sánchez:** 91, 117. **Sutthershock:** 2, 8, 9, 10, 13, 14, 15, 22-23, 26, 30, 31, 33a, 36, 37 (2), 38-39, 39, 40-41, 41, 44, 45a, 46, 47, 48, 51, 54, 55, 60, 67, 68, 72 (2), 79, 81b, 86, 87b, 90d, 93, 99, 103, 104-105, 113, 114, 116, 120c, 123, 125, 126 (2), 127, 130, 132, 134. **Thinkstock Photo:** 49, 80 cab, 81a, 84-85, 90c, 101, 121, 128.
(a= arriba, b=abajo, c=izquierda, d=derecha).

Agradecimientos: Oficina Nacional Helénica de Turismo (París), Región de Ática, Turismo de Atenas y Víctor GN.

7ª edición, 2024

© Grupo Anaya, S. A., 2024
Valentín Beato, 21. 28037, Madrid
www.guiasdeviajeanaya.es

Depósito legal: M-35.209-2023
ISBN: 978-84-9158-740-8
Impreso en España-Printed in Spain

PAPEL DE FIBRA
CERTIFICADO

La información contenida en esta guía ha sido cuidadosamente comprobada antes de su publicación. No obstante, dada la naturaleza variable de los datos, recomendamos su verificación antes de salir.

Contenido

Presentación

Cómo usar esta guía

Esta **Guiarama** de **Atenas** se divide en cinco secciones que abarcan los aspectos más importantes de la visita a la ciudad y alrededores.

Una mirada a Atenas, páginas 8-19

Atenas según el autor
Perfil de Atenas
No hay que perderse...
Breve historia de Atenas
Naturaleza y paisaje
Atenienses célebres

Diez lugares inolvidables, páginas 20-41

La elección del autor de los diez lugares más atractivos de Atenas, todos con información práctica.

Visita a Atenas, páginas 42-101

La guía está dividida en el centro de Atenas y los alrededores de Atenas, cada una con una introducción y listado alfabético de los lugares más interesantes.

Información práctica
Paseos a pie y excursiones en coche
Gastronomía

Excursiones desde Atenas

Dónde ..., páginas 102-133

Información detallada sobre restaurantes, alojamiento, compras, niños, deportes, festivales y eventos.

Información práctica, páginas 134-139

Toda la información necesaria para viajar por Atenas presentada de forma visual y esquemática.

Mapas y planos

Todas las referencias lo son a los planos que se incluyen en la guía. Por ejemplo, la Acrópolis, va acompañada de la referencia ⊙ II, D1-2, que indica el número de plano (II) y las coordenadas (D1-2) donde se halla el edificio.

Templo de Zeus Olímpico

Precios

El precio aproximado de los establecimientos se indicará mediante los signos:

C caro, **M** moderado y **E** económico.

Clasificación por estrellas

La mayoría de los lugares descritos en el libro se han clasificado por su grado de interés como sigue:

✱✱✱ Visita obligada
✱✱ Muy interesante
✱ Interesante

Símbolos utilizados

A lo largo de la guía se han utilizado símbolos sencillos y claros para indicar las siguientes categorías:

- 🖸 referencia a los planos incluidos en la guía
- ✉ dirección o localización
- ☎ número de teléfono
- 🕐 horario
- 🍴 restaurante o café
- Ⓜ estación de metro más cercana
- 🚌 rutas de autobús o tranvía
- 🚆 estación de tren más cercana
- ⚓ servicios de navegación
- ✈ aeropuerto
- ℹ información turística
- ♿ servicios para personas con discapacidad
- 💲 precio de la entrada
- ✛ otros lugares de interés cercanos
- 🔋 más información práctica adicional
- 🖥 referencia a la página web
- ▶ página con información más detallada

Una **mirada** a **Atenas**

Presentación

❚ Lo mejor de Atenas

Acrópolis: recorrer el paseo y subir al Partenón.

Ágora griega y Cerámico: pisar las mismas losas que Sócrates pisó.

Ágora romana: disfrutar de edificios históricos, restaurantes y conciertos.

Museo de la Acrópolis: único y moderno.

Plaka: el barrio más pintoresco para comer, pasear y hacer alguna compra.

Templo de Zeus y Arco de Adriano.

Licabeto: la colina con una panorámica de la ciudad.

Síntagma: la gran plaza del Parlamento.

La Academia: neoclásico en la ciudad nueva.

Iglesias ortodoxas: admirar su arquitectura.

Exarchia: vivir la vida alternativa y bohemia, bares-ruina, restaurantes y grafitis, en este emergente barrio.

Pasear por la moderna **Flisvos Marina** en El Pireo.

Hay lugares que deberían ser de obligada visita para cualquier ciudadano europeo, al menos una vez en la vida. Atenas es uno de ellos. Aquí nació la democracia, la matemática y la filosofía, y se concibió la civilización occidental. Forma parte de nuestro pasado, más de 3.000 años de historia que han ejercido una vasta influencia en el desarrollo de la cultura occidental. Todos hemos oído hablar de la Acrópolis, del Partenón o del Ágora romana donde se conserva parte de la biblioteca de Adriano. En Atenas están las fuentes del mundo clásico, pero tiene mucho más que ofrecer a sus visitantes. Museos, galerías, festivales de música, una animada vida nocturna o una variada y rica gastronomía mediterránea son algunos de sus pilares.

Ciudad cosmopolita y en ebullición, ha dejado atrás los duros años de crisis. Para disfrutar de todo ello, lo mejor es alojarse cerca de la Acrópolis. Los barrios de Plaka y Monastiraki son los más animados. Por las estrechas calles de Plaka, repletas de tabernas y restaurantes, no circulan coches por lo que no queda otra que visitarlo a pie. La zona está cuajada de maravillas y es un lugar perfecto para pasar el rato, beber algo o cenar. La época ideal es sin duda la primavera, aunque otras buenas opciones son el otoño o los meses de junio y septiembre. Es recomendable evitar julio y agosto por la multitud de turistas, pero si llegáis en esa época, podéis aprovechar para recorrer el Ática, ir a Delfos, Eleusis, Micenas, Epidauro y el cabo Sunion, además de hacer una travesía a alguna isla cercana como Poros e Hydra. Son excursiones inolvidables.

Perfil de Atenas

▌Geografía

En el extremo suroccidental de la península del Ática, forma una gran ensenada entre la cadena de los montes Pentélico, Parnés, Himeto y Egaleo y el golfo Sarónico, lo que le da un microclima suave. Está unos kilómetros en el interior, alejada de la costa, en el lugar idóneo para asentamiento urbano que eligieron sus fundadores durante la Edad de Bronce.

▌Clima

Toda la región disfruta de clima mediterráneo. De inviernos suaves y veranos calurosos, las temperaturas estivales son agradables por la mañana y por la tarde, pero más altas en las horas centrales del día, en las que el termómetro alcanza con facilidad los 40 ºC. En Atenas llueve poco y lo hace sobre todo en primavera y otoño, pero su cercanía al mar otorga cierta humedad al ambiente.

▌Área

La zona metropolitana ocupa una extensa área rodeada por fronteras naturales, lo que favoreció su nacimiento como ciudad-estado. Al sur, el Egeo, mientras que el norte, este y oeste limitan con cadenas montañosas.

▌Población

Atenas y su área metropolitana tienen una población de más de 5 millones de habitantes. A eso ha contribuido el éxodo rural con la crisis y la población flotante de refugiados. La mala conservación de edificios, la contaminación o *smog* y la congestión del tráfico son los grandes problemas por solucionar.

▌Lo mejor de los alrededores

Delfos: el templo de Apolo y el oráculo de la sibila.
Epidauro: el teatro mejor conservado.
Cabo Sunion: las ruinas del templo de Poseidón y su bella panorámica.
Dafne: mosaicos bizantinos y ruinas clásicas.
Eleusis: antiguo santuario de los Misterios.
Micenas: las ruinas de la civilización más arcaica.
Corinto: el canal y las vistas desde Acrokorinto.
Kifisia: zona de moda y barrio de veraneo ateniense.
Maratón: túmulo conmemorativo de la batalla.
Napflio: ciudad decimonónica, antigua capital.
Meteora: monasterios levitando sobre acantilados.

◀ Vista de la Acrópolis.

▼ Atenas a vista de dron.

La **esencia** de **Atenas**

Atenas conserva el alma de los filósofos y el carisma que la llevó a ser capital de la Hélade y la Grecia independiente. Los atenienses llevan con orgullo que su ciudad sea cuna de la democracia. El largo dominio otomano y la religión ortodoxa aportan dos rasgos peculiares a su identidad. Los alrededores están cuajados de historia y vestigios, en algunos casos monumentales. Viajar hasta el Peloponeso con sus grandes restos arqueológicos, atravesar el canal de Corinto y adentrarse en los antiguos dominios de Lacedemonia y Esparta –la rival guerrera a la que venció la Atenas democrática– refleja sin duda las dos caras de su esencia europea.

No hay que perderse...

Aunque no se disponga de mucho tiempo, estas son algunas experiencias imprescindibles:

▌**Subir a la colina de las Musas** para caminar junto a la muralla de Temístocles, visitar el monumento de Filopapo y contemplar la Acrópolis.

▌**Visitar el Museo de la Acrópolis** con su admirable colección, magníficas instalaciones y vistas.

▌**Ver el Partenón de cerca y concentrarse**, a pesar de los turistas, en la belleza absoluta del lugar.

▌**Recorrer las ruinas del templo de Zeus** imaginando su antigua monumentalidad y pasear luego por los Jardines Nacionales.

▌**Darse una vuelta por Plaka** por la mañana y sentarse a comer en una terraza.

▌**Probar la musaca y beber vino** en uno de los pintorescos restaurantes de Monastiraki con vistas al Partenón, sobre todo de noche.

▌**Entrar en una iglesia ortodoxa durante los oficios.** Hay muchas en Plaka y por la Acrópolis. Se puede escuchar el hermoso cántico de los popes.

▌**Contemplar el cambio de guardia**, en el Palacio Nacional de la plaza Síntagma y sentarse en una de las terrazas modernas que hay allí.

▌**Curiosear en el mercadillo de Monastiraki un domingo**, o en el del **Ágora romana**: esponjas, cerámica, estatuillas y bustos a precios razonables.

▌**Disfrutar de una ópera**, la gran biblioteca, contemplar desde la terraza en la Fundación Stavros Niarchos o bien remar al atardecer en el lago contiguo.

▌**Disfrutar de la vida nocturna** y sus terrazas en los barrios de Karamikos y Gazi.

▌Tours por la ciudad

Varias compañías organizan excursiones en autobús recorriendo los lugares más emblemáticos de la ciudad. El autobús turístico **City Sightseeing** (www.city-sightseeing.com) cuenta con tours en español. Otras tres compañías privadas ofrecen tours más específicos que van desde una mañana a varios días. **Hop in Sightseeing** (www.hopin.gr) ofrece un tour de 10 horas, **GO Tours** (www.gotours.com.gr) promociona una visita de medio día que incluye el Museo de la Acrópolis y por último **CHAT Tours** (www.chatours.com) dispone de diferentes tours que incluyen incluso uno nocturno.

◄ Columnas corintias del Templo de Zeus.

▼ Bares en las laberínticas calles en el distrito de Plaka.

Breve historia de Atenas

4000 a.C. Asentamientos neolíticos en la colina de la Acrópolis.

1500-1100 Invasiones indoeuropeas y cultura de la Edad de Bronce: metalurgia, orfebrería, cuero. La Acrópolis se convierte en bastión de la monarquía micénica hacia 1300. Origen mítico de Teseo, rey de Atenas que se independiza de la Creta minoica.

900-800 Establecimiento de colonias griegas en la Hélade y la cuenca mediterránea. Primeras ciudades-estado. Atenas, en manos de los clanes aristocráticos, es gobernada por arcontes (o magistrados) elegidos anualmente. Nace la poesía épica con *La Odisea* y *La Ilíada.*

650-550 Dracón legisla y Solón promulga la primera constitución. Invención de la moneda. Impulso del comercio, la navegación y el artesanado. Se establece el Consejo de los 500, origen de la democracia. Auge de la filosofía con Tales de Mileto, Heráclito y Pitágoras.

520-479 Guerras Médicas contra Persia. Los atenienses derrotan a los invasores en Maratón, pero Jerjes vence en las Termópilas y toma Atenas.

461-429 Edad de Oro de Pericles: construcción del Partenón. Apogeo del teatro con Só-

▼ Cúpula de Agios Dionisos.

focles, Esquilo y Eurípides. Edad de oro de la filosofía con Alcibíades y Sócrates. Aristóteles funda el Liceo y Platón, la Academia. Las Guerras del Peloponeso terminan con la derrota de Atenas a manos de Esparta a finales de la centuria.

338-323 Filipo II de Macedonia conquista la Hélade. Dos años después es asesinado y le sucede su hijo Alejandro Magno, quien extiende su imperio por el Mediterráneo, Oriente Medio y llega hasta la India.

200-300 Los romanos conquistan Grecia y convierten su legado cultural en su civilización. En Atenas se levantan monumentos romanos.

50 d.C. San Pablo predica en el areópago de Atenas y crea el primer núcleo cristiano.

325-1000 Se establece Constantinopla como capital del Imperio Romano de Oriente, en el que queda englobada Atenas. Cisma ortodoxo con la Iglesia católica.

1100-1429 Escenario de las expediciones de los cruzados. Francos, venecianos, bizantinos y aragoneses se reparten Grecia.

1453-1821 La toma de Constantinopla (ahora Estambul) pone fin al Imperio Bizantino. Grecia queda bajo dominio otomano durante 370 años.

▲ Poseidón, Apolo y Artemisa. Relieve del friso este del Partenón, obra de Fidias.

▼ Cabeza griega de piedra en el Museo del Ágora.

1821-1829	Guerra de la Independencia contra los turcos. Otto de Baviera es coronado rey del moderno Estado griego.
1917-1923	Grecia entra en la I Guerra Mundial pero la guerra contra Turquía termina con derrota helénica. Un millón de griegos residentes en Turquía regresan y 400.000 musulmanes abandonan el país.
1940	La pretensión de Mussolini de acceder a los puertos griegos en la Segunda Guerra Mundial se encuentra con el célebre *oji* (no) del general Metaxas.
1944	Liberada Grecia por los aliados. Churchill consigue en Yalta que el país no entre a formar parte del bloque soviético.
1955	Grecia ingresa en la OTAN. Al año siguiente se establece el voto femenino.
1967	Golpe de estado militar y exilio del rey Constantino. Régimen de los Coroneles, bajo el mando de Papadopoulos.
1974	Derrocamiento de la junta militar, democracia y nueva constitución republicana.
1981	Grecia entra en la Unión Europea. En 1985 Atenas se convierte en la primera Capital Cultural europea, gracias al liderazgo de la actriz y ministra de Cultura, Mercuri.
2004	Sede de los Juegos Olímpicos.
2011	Hay graves incidentes por la crisis. Al borde de la bancarrota y con una enorme deuda, Grecia tiene que ser rescatada con fondos de la Unión Europea.
2012	La Unión Europea, el FMI y el Banco Central Europeo (La Troika) lanzan un nuevo rescate. El partido conservador, *Nueva Democracia*, gana las elecciones pero no logra la mayoría absoluta.
2013-2014	La Unión Europea sale de la recesión y empieza a crecer. Syriza gana las elecciones europeas.
2015	Syriza roza la mayoría absoluta en las elecciones anticipadas y promete acabar con la austeridad. En junio el país se sumerge en el caos financiero y ordena un "corralito". El Parlamento griego aprueba la convocatoria de un referéndum para el 5 de julio. Triunfa el "No", pero en octubre el Parlamento da luz verde a otro paquete de reformas.

▲ Miguel Indurain portando la antorcha olímpica con destino Atenas 2004.

▌ La cruz gamada sobre la Acrópolis

En 1931, durante tres días, la bandera nazi ondeó en lo más alto del Partenón: desde el 27 al 30 de mayo. Su retirada no se debió al fin de la ocupación alemana en territorio heleno, sino al primer gran acto de resistencia civil en toda Europa: esa noche, los jóvenes Manolis Glezos y Santas Apostolos se encaramaron al punto más alto de la capital griega para retirar la bandera.

El desafío fue visible desde varios puntos de la ciudad y tuvo consecuencias: Glezos y Santas fueron condenados a muerte. Hasta la caída de los Coroneles, en 1974, Grecia vivió años de guerra y muerte en los cuales el país perdió el 10 por ciento de la población.

2016 Macedonia cierra su frontera con Grecia a los inmigrantes, dejando a miles de personas varadas en la aldea fronteriza griega de Idomeni.

2017 Importantes inundaciones afectan al oeste de Ática, en particular el suburbio de Mandra en Atenas, falleciendo 23 personas.

2018 La agencia de calificación crediticia *Fitch* eleva su evaluación de Grecia debido a los buenos datos económicos y el aumento de la estabilidad política. En julio, un pavoroso incendio en la costa del Ática causa graves daños y numerosas víctimas.

2019 Nueva Democracia, partido que se encontraba en la oposición frente a Syriza, obtiene la mayoría absoluta y su líder pasa a ser el nuevo Primer Ministro.

2020 Katerína Sakellaropoúlou es elegida como Presidenta de la República, convirtiéndose en la primera mujer en el cargo.

2023 Es un año negro para Grecia, registrándose el incendio forestal, inundaciones y el accidente ferroviario más importantes de su historia.

▼ Visión de los incendios forestales desde Atenas, julio de 2023.

Naturaleza y paisaje

❚ Las montañas de Atenas

Las colinas de Atenas son los mejores miradores a la ciudad y su Acrópolis, además de pulmones verdes. Destaca la cercana a la Acrópolis o Areópago, la colina de Filopapos, la de Licabeto o la desconocida colina de Strefi sobre el barrio de Exarchia.

Otras más altas que rodean a la ciudad son Imitós, el monte Pentélico y Pármita. La primera cuenta con rincones de gran belleza natural y monasterios bizantinos.

❚ Acrópolis

Todo el paseo peatonal que rodea la Acrópolis (Dionisio Aeropagitu) está lleno de árboles y tiene senderos que en primavera y verano se llenan de flores y pájaros. También la antigua Ágora es un parque de pinos y encinas repleto de restos arqueológicos. La colina de la Musas, frente al Partenón, está rodeada de naturaleza.

❚ Jardines Nacionales (Ethnikós Kipos)

Un parque magnífico (▶70) entre el Palacio Nacional y las ruinas del Templo de Zeus Olímpico que cuenta con grandes árboles y un estanque. Es un buen lugar para caminar por sus paseos sombreados y descansar en los bancos donde sentarse a leer un rato.

❚ Colina Licabeto (Likavitós)

Lo mejor es ascender en funicular y descender caminando (▶67). Las calles que suben hasta la estación del funicular son muy agradables. La vista de Atenas y la Acrópolis resulta espectacular.

❚ Lago Vouliagmeni y cabo Sunion

Una de las excursiones clásicas es acercarse a admirar la puesta de sol en el mítico cabo Sunion. Antes de llegar a él se puede parar en el lago Vouliagmeni un misterioso "lago sin fondo" unido por un antiguo canal a un puerto cercano.

❚ Excursión por las islas

Aunque el destino sea solo Atenas, no hay que dejar de hacer una visita a una isla cercana. La mejor

▼ Teatro de Herodes y vista del Partenón.

opción es Hydra, encantadora y fácil de recorrer. Se puede tomar el metro hasta El Pireo y allí un transbordador. Acompañarán los delfines en la travesía. Otras islas cercanas e interesantes para visitar son Aegina, Agistri, Spetses y Poros. Methana por su parte es un destacado enclave turístico y una isla unida por un estrecho istmo.

▲ Vista panorámica de Atenas y Aeropagus, afloramiento rocoso al noroeste de la Acrópolis.

▌Ramnous y Vravrona

Existen enclaves rurales cercanos a la capital, como Ramnous o Vravrona, que ofrecen un interesante contraste con la vida urbana y donde se puede comer al aire libre o pasear tranquilos sin las masas habituales de turistas.

▌Delfos y Epidauro

En Delfos anidan rapaces como el buitre, el halcón e incluso el águila real, a pesar de la continua afluencia de visitantes. En Epidauro, si se bordea el teatro hacia el estadio, se puede evitar la presencia de la multitud. Hay unas hermosas orquídeas que florecen aquí, aun cuando es una de las zonas más visitadas de Grecia.

Personajes famosos

▌En la Antigüedad

Solón. Fundador de la democracia ateniense con sus famosas leyes.

Pericles. El más importante estadista que transformó Atenas en una potencia política, económica, militar y cultural entre los años 461 a 429 a.C, época que se denomina la Edad de Oro de Pericles.

Alcibíades. General y político, era ahijado de Pericles y su sucesor natural.

Temístocles. General vencedor en Maratón y Salamina, hizo de Atenas una potencia naval. Constructor de las murallas que aún hoy pueden verse.

Fidias. Escultor genial, autor del friso central del Partenón y las estatuas de Atena y Zeus Olímpico. Acusado de fraude, murió en prisión.

Praxíteles. Gran escultor que supo plasmar la delicadeza del cuerpo femenino (Afrodita) y masculino (Hermes, Eros y Apolo).

Tucídides. Uno de los padres de la Historia, fue elegido estratega (general en jefe). En 424 fue acusado como culpable de la derrota del Peloponeso y condenado al ostracismo.

Aristófanes. Dramaturgo muy celebrado por el estilo burlesco de sus sátiras.

Esquilo. Autor de las tragedias helénicas sobre héroes y dioses. Introdujo el diálogo y la acción en el escenario.

▌Los grandes filósofos

Sócrates fue un hombre sencillo que enseñaba mediante diálogos a conocerse a sí mismo. Acusado de corromper a la juventud por sus enemigos sofistas, fue sentenciado a muerte. Su mejor alumno, Platón, recoge en sus célebres *Diálogos* la filosofía del maestro. Fundó la Academia y con ella la Escuela Idealista. Su discípulo Aristóteles escribió una monumental obra filosófica y fundó el Liceo.

▌Constantino Cavafis (1863-1933)

El mayor poeta griego del siglo xx, nació en Alejandría de familia de comerciantes prósperos que se arruinaron. Su poema *Ítaca* es célebre en el mundo entero.

▌Aristóteles Onassis (1906-1975)

Armador multimillonario que protagonizó la vida social de los años 50, haciendo de Montecarlo su lugar de residencia preferido tras comprar el casino. Casado con Tina Livanos, hija de su competidor, y con Jacqueline Kennedy, cortejó a mujeres famosas entre las que destacó María Callas.

▌María Callas (1923-1977)

Soberbia soprano nacida en Nueva York de origen griego, regresó a Atenas de adolescente para seguir clase de canto. Durante su accidentada carrera combinó una excelente técnica de *bel canto* con mucho talento dramático. Por su fuerte carácter y actitud de *prima donna* fue conocida como *La Divina*. Acabó su vida trágicamente en París, sola, con la voz rota y abandonada por Onassis, su último y gran amor.

◀ Figura de Sócrates, a la entrada de la Academia.

❚ Melina Mercuri (1920-1994)

Actriz ateniense, una de las principales figuras de la cinematografía griegas. Comprometida en la lucha contra la dictadura de los coroneles, tuvo que exiliarse hasta 1974. Volvió con la democracia y ganó un escaño tras las elecciones de 1977. Ministra de Cultura en tres ocasiones, luchó para que Inglaterra devolviera los mármoles del Partenón robados por Lord Elgin, sin conseguirlo. De ella partió la idea de nominar cada año a una ciudad diferente como Capital Cultural Europea.

❚ Costa Gavras (n. 1933)

Cineasta ateniense formado en París, autor de la famosa y premiada *Z,* cuyo guion escribió con Jorge Semprún. Amigo de Ives Montand y Simone Signoret, ha dirigido películas como *Desaparecido*.

❚ Alexis Tsipras (n. 1974)

Líder de la coalición radical de izquierdas conocida como Syriza, fue primer ministro entre 2015 y 2019. Intentó sacar al país de la gran crisis económica del 2008 y evitar una trágica salida de la UE. Actualmente es el líder de la oposición.

❚ Giannis Antetokounmpo (n. 1994)

Joven jugador de baloncesto nacido en Atenas pero de ascendencia nigeriana, famoso por su esfuerzo social y triunfo a nivel deportivo. Un ejemplo de cómo ser emigrante, ejercer de vendedor ambulante y convertirse en estrella en la NBA, con su camiseta número 34. Es muy admirado por la juventud ateniense.

❚ Kyriakos Mitsotakis (n. 1968)

Actual primer ministro de Grecia y líder del partido Nueva Democracia.

◀ El romance entre Aristóteles Onassis y María Callas ocupó numerosas portadas de las revistas de la época.

10

Lugares
inolvidables

Acrópolis

El nombre, que significa "ciudad alta", alude a la impresionante colina que domina la ciudad. Fue lugar de culto a los dioses durante siglos y residencia de los antiguos reyes micénicos. En la cúspide se yergue majestuoso el Partenón, símbolo de Atenas.

Info

Acrópolis
(Akropoli–Iéros Bráhos)
🅾 II, D1-2
✉ Paseo peatonal Dionissiou Areopagítou
☎ 210 321 4172
🕐 De 8 h a 19 h, última entrada a las 18.30 h
🎫 20 €, entrada combinada con otros monumentos 30 € (válido para 5 días)
💻 www.odysseus.culture.gr

Odeón de Herodes Ático
(Irodo Atikou)
🅾 II, D1-2
✉ Paseo peatonal Dionissiou Areopagítou
🕐 Solo se puede visitar durante eventos programados.
🚇 Akropoli

Tanto los jonios, que se establecieron en el Ática en el segundo milenio a.C., como más tarde los dorios, en Atenas, fundaban sus ciudades en altozanos que servían de defensa natural. Así surgió la Acrópolis junto al río Ilissos. Los reyes micénicos erigieron su palacio en el siglo XIII a.C. y construyeron la primera rampa llamada **Pelagiscón**. Hacia el siglo X el héroe Teseo, hijo del rey Egeo, mató al Minotauro y liberó a los atenienses del yugo de los reyes minoicos de Creta. Convertido en rey, Teseo reunió todos los poblados del Ática bajo la tutela de Atenas.

En 624 Dracón codificó el derecho ateniense y en 594 Solón redactó la primera constitución. La Acrópolis, con el Ágora a sus pies como unión del gobierno y el pueblo, celebró el triunfo de la democracia. En 560 Pisístrato instauró una tiranía que se perpetuó en sus hijos Hiparco e Hipias hasta 510. De esta época data la sacralización de la Acrópolis,

su dedicación exclusiva a los dioses y las grandes celebraciones religiosas del pueblo. Entonces se construye un **Templo de Poros** dedicado a Atenea, diosa tutelar de la ciudad, y comienzan a celebrarse las *Panatenaicas* en honor a la diosa, con una procesión que subía hasta lo alto de la colina desde el santuario de Eleusis, encabezada por danzantes, en la que participaban los ciudadanos. La fiesta terminaba con un sacrificio del Sumo Sacerdote y la colocación de un nuevo *peplum* de metal a la estatua de Palas Atenea.

Durante la Edad de Oro de Pericles, la Acrópolis se llenó de monumentos. El arquitecto Mnesicles levantó la **rampa de los Propileos** con el fin de preparar a los fieles a una ascensión mística al santuario, mientras Calícrates erigía el **Templo de Atenea Niké** para conmemorar la victoria sobre los persas. Al mismo tiempo iba surgiendo el impresionante **Partenón** sobre planos de Ictinos y Calícrates, como la obra maestra del conjunto.

Símbolo de la armonía y del triunfo de la democracia por amplio espacio interior, se estructuró en una columnata alrededor del recinto de 8 x 17 pilares de orden dórico con elementos jónicos. Presidía su interior la gigantesca escultura crisoelefantina (oro y marfil) de Atenea Parthenós, esculpida por

▼ Vista de la Acrópolis.

ACRÓPOLIS DE ATENAS

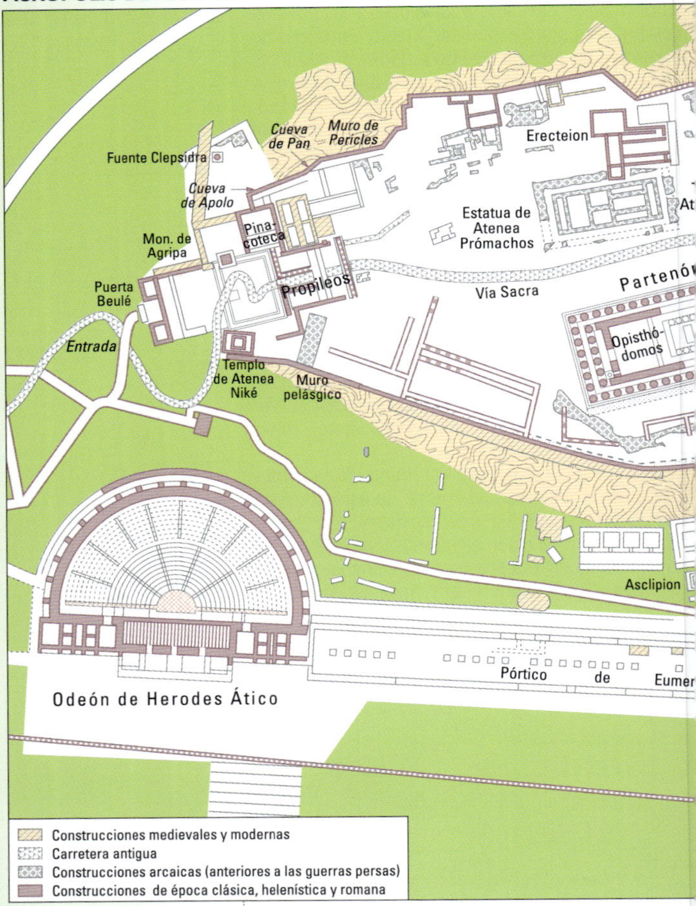

Cueva de Pan

Muro de Pericles

Erecteion

Fuente Clepsidra

Cueva de Apolo

Pina-coteca

Mon. de Agripa

Puerta Beulé

Entrada

Propíleos

Templo de Atenea Niké

Muro pelásgico

Estatua de Atenea Prómachos

Vía Sacra

At

Partenó

Opisthó-domos

Asclipion

Odeón de Herodes Ático

Pórtico de Eumer

Construcciones medievales y modernas
Carretera antigua
Construcciones arcaicas (anteriores a las guerras persas)
Construcciones de época clásica, helenística y romana

Fidias. El friso desplegaba la disputa entre Poseidón y Atenea por el patronazgo de la ciudad. Finalmente se construyó el **Erecteion**, un templo de orden jónico consagrado a las antiguas divinidades y en cuya fachada sur se ven las célebres Cariátides que, a modo de columnas, sostienen la metopa superior. Otros monumentos de la Acrópolis son los **santuarios de Atenea Pandémos, Artemisa Brauronia** y **Zeus Polias.** Subiendo desde los Propíleos avan-

Ladera Norte de la Acrópolis
Muralla de Temístocles
Belvedere
Templo de Roma y Augusto
Museo
Monumento de Trasilio
Odeón de Pericles
Teatro de Dioniso
Pórtico
Santuario de Dioniso
Templo del s. v a. C.
Museo de la Acrópolis

▲ Templo del Erecteion, pórtico de las Cariátides.

zaba la **Vía Sacra** (Ierá Odós) entre monumentos a los héroes y la escultura de Atenea Prómachos, que era el camino que seguía la procesión de las Panateneas. Cerca, Augusto construyó el **Templo de Roma,** donde la leyenda dice que Atenea plantó el primer olivo. En la cara más septentrional del altozano se aprecian restos de las murallas de Temístocles. Pasado el Belvedere estaban las dependencias del Museo Arqueológico, hoy almacén.

Ágora

Mercado de Atenas y lugar de encuentro de sus ciudadanos, bordea la cara suroeste de la Acrópolis y puede recorrerse caminando por las mismas losas que pisaron Sócrates y sus discípulos.

F ue necrópolis sagrada en la era arcaica y el lugar donde se construyeron distintos edificios de la administración de los reyes minoicos. Con la reforma de Clístenes y el gobierno democrático de Pericles se instalaron aquí los primeros mercados. Los atenienses acudían a diario a comprar, pero también a pasear o a encontrarse con sus amigos. El Ágora se convirtió así en el centro de la vida ateniense hasta la dominación romana. A los lados se erigieron monumentos, cenotafios, estatuas o centros de administración de justicia como el **Areópago.**

En la parte más septentrional se encuentra el **Pórtico Poécilo** (siglo v a.C.) cuyos restos pueden verse en el exterior del recinto arqueológico. En el lado occidental se ha reconstruido en parte el **Pórtico Basileios** (siglo vi a.C.), sede del arconte, el **Altar de Zeus Agorero** (siglo v a.C.), el **Templo de Apolo Patros** (siglo iv a.C.) y el **Mitrón** (siglo ii a.C.) consagrado al culto de la diosa madre Rea-Cibeles y el lugar donde se guardaban los archivos de la ciudad.

Continuando hacia el sudeste encontramos el **Buleuterion**, edificado a finales del siglo v para acoger las asambleas del Consejo. A su lado está el **Tholos** (siglo v a.C.) una construcción circular con funciones político-religiosas, y un poco más alejado el **Estratigión**, donde se reunían los *Diez Estrategas*

para la defensa de la ciudad y sus luchas contra Persia y Esparta.

Coronando el conjunto y visible desde cualquier lugar del Ágora, se yergue el bellísimo **Templo de Hefesto** (segunda mitad del siglo v), que desde la época bizantina hasta el siglo xix fue templo ortodoxo dedicado a San Jorge, también conocido con el nombre de *Thysión*, en honor de Teseo y porque así se llama el barrio que ocupa la cara más oriental del flanco sur.

▲ Vitrinas con hallazgos y figura femenina en el Museo del Ágora.

Este barrio de Thisio, en el que se han demolido cientos de viviendas para sacar a la superficie los restos arqueológicos, se ha convertido en una zona de ocio parecida a los barrios de Plaka y Monastiraki, llena de locales de copas y restaurantes y donde los jóvenes atenienses van tratando de evitar aglomeraciones.

En otras zonas del Ágora aún pueden verse los cimientos de muchas construcciones junto a otras mejor conservadas o reconstruidas, como la **Stoa de Attalo,** que alberga el pequeño pero excelente **Museo del Ágora.** La Stoa es un elegante edificio de dos plantas construido en el siglo ii a.C. que ha sido magníficamente restaurado y nos brinda la oportunidad de contemplar una construcción de la época. Entre el museo y la Acrópolis se puede visitar la también restaurada **iglesia de los Santos Apóstoles.** Otras construcciones del recinto son el Odeón de Agripa, el Gimnasio y el Areneion para los ejercicios atléticos, las Fuentes de Enneákrounos y la del Ninfeo o el Altar de los Doce Dioses, junto a la puerta occidental. Para apreciar bien el Ágora es muy útil hacerse con un plano detallado y consultar detenidamente los paneles de información.

Museo de la Acrópolis

3

Inaugurado en 2009, es la estrella del universo arqueológico heleno. Fascinante por su diseño y extremadamente valioso por la colección de obras de arte que reúne, ofrece una vista del Partenón y la Acrópolis espectacular.

Construido frente a la Acrópolis en la ladera noreste por el arquitecto neoyorkino Bernard Tschumi, con la ayuda del griego Phodiatis, el impresionante edificio es como un gran templo moderno que sobrevuela su emplazamiento para dialogar, desde una respetuosa distancia, con la misma **Roca Sagrada**. Los 15.000 m² dedicados a la exhibición de sus fabulosas colecciones están distribuidos sobre cinco plantas irregulares que parecen flotar, pues la construcción bascula sobre pilotes que resisten seísmos.

El transeúnte accede por una rampa de vidrio que hace de pasadizo transparente sobre los restos arqueológicos del solar. El piso bajo es como un ágora de entrada, con salas para exposiciones y un auditorio. Conecta con el piso superior mediante un peristilo de columnas que lo hace semejante a una sala hipóstila. El primer nivel muestra los hallazgos arqueológicos encontrados en las laderas de la Acrópolis, durante las numerosas excavaciones

Info

- II, D2
- Dionissiou Areopagítou, 15
- 210 900 0900
- Del 1 nov-31 mar: de lun-jue de 9 h a 17 h, vier de 9 h a 22 h, sáb-dom de 9 h a 20 h. Del 1 abr al 31 oct: lun de 9 h a 17 h, mar-jue de 9 h a 20 h, vier de 9 h a 22 h, sáb-dom de 9 h a 20 h. Última admisión: media hora antes.
- 15 € en verano, 10 € en invierno. Entrada reducida para estudiantes; menores de 18 años gratis.
- www.theacropolismuseum.gr

▶ Espectacular entrada al moderno Museo de la Acrópolis.

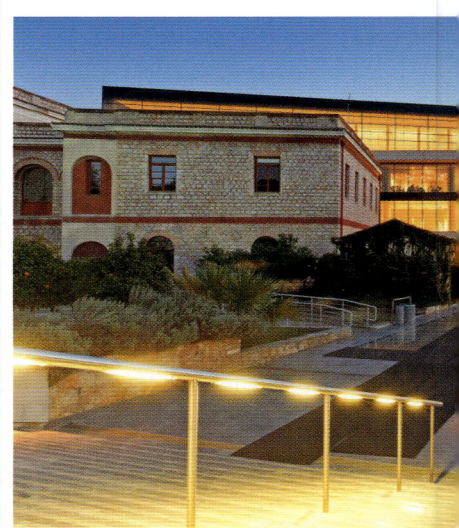

realizadas desde que los turcos abandonaron Atenas en 1830. El segundo es una sala rectangular de piso inclinado que refleja la ascensión a la Roca y muestra piezas zoomorfas y esculturas arcaicas como **Los trabajos de Hércules.**

El tercero, con forma trapezoidal, contiene restos del Templo de Atenea Niké, el Erecteion (o Erecteón) y los Propileos. El tercer nivel corresponde al **Partenón**. Orientado de forma idéntica, sus grandes cristaleras hacen que la luz entre a raudales, permitiendo al mismo tiempo un diálogo visual con el templo, siempre presente en la cercana cúspide del promontorio. Conserva parte de los frisos, el de la Centauromaquia, las Procesiones panatenaicas o la disputa de Atenea y Poseidón por el patronazgo de la ciudad. El cuarto está reservado a restaurante.

Entre las piezas más destacadas figuran el *Moscóforo* que porta un becerro como ofrenda a Atenea, la *Koré* con la clásica sonrisa arcaica, un busto de Alejandro Magno atribuido a Leócares, otro de Hermes Propileo ("de la entrada"), el mesorrelieve de Atenea Pensativa, el *Kouros de Knitios* cuyo estilo muestra el paso del estilo arcaico al "clásico severo" por su movimiento, y la célebre *Niké* ajustándose la sandalia, prodigiosa composición escultórica llena de movimiento, gracia y delicadeza.

▲ La famosa figura del Moscóforo, una de las joyas del museo.

Templo de Zeus Olímpico

4

El Templo de Zeus Olímpico es un recordatorio impresionante de la rica herencia histórica y cultural de Atenas y de la antigua Grecia. Su ubicación cercana al centro de la ciudad lo convierte en un destino accesible y emocionante para los enamorados de la historia y la arqueología.

Info

- 🕐 II, D2
- 🕐 De 8 h a 15 h, última entrada: 14:30 h
- 💶 6€
- 🌐 www.odysseus.culture.gr

▼ Las Columnas del Zeus Olímpico es un monumento de Grecia y un antiguo templo colosal en el centro de la capital.

Conocido en griego como "Olympieion", el Templo de Zeus Olímpico es un antiguo templo griego ubicado en el centro de Atenas. Es uno de los sitios arqueológicos más destacados de la ciudad y una importante atracción turística. La construcción del templo comenzó en el siglo VI a.C. durante el gobierno de Pisístrato. Sin embargo, debido a una serie de interrupciones en su construcción a lo largo de los siglos, el templo no se completó hasta el siglo II d.C., durante el reinado del emperador romano Adriano. Fue uno de los templos más grandes de la antigua Grecia. Originalmente, contaba con 104 columnas corintias, de las cuales solo 16 se mantienen en pie en la actualidad. El templo medía aproximadamente 96 metros de largo, 40 metros de ancho y las columnas alcanzaban una altura de unos 17 metros. Está construido en estilo corintio, que es uno de los estilos arquitectónicos griegos más elaborados y ornamentados. Las columnas corintias están adornadas con intricados capiteles decorativos. Este templo estaba dedicado al dios griego Zeus, el rey de los dioses del Olimpo. Dentro del templo se encontraba una estatua

de Zeus realizada en marfil y oro, una de las Siete Maravillas del Mundo Antiguo. Durante los siglos posteriores a su construcción, el templo sufrió daños significativos debido a causas naturales y actividades humanas, como terremotos y saqueos. La estatua de Zeus fue llevada a Constantinopla (la actual Estambul) y se perdió en algún momento de la Edad Media. A pesar de la ruina parcial, el Templo de Zeus Olímpico sigue siendo impresionante y es un testimonio de la grandeza arquitectónica y religiosa de la antigua Grecia, conservándose como una de las principales atracciones turísticas de Atenas. Los visitantes pueden explorar el sitio arqueológico, admirar las columnas restantes y aprender sobre la historia del templo y la mitología griega. Pero antes de visitarlo es recomendable comprobar los horarios de apertura y las tarifas de entrada, ya que pueden variar según la temporada.

▲ Templo de Zeus en las ruinas cerca de la Acrópolis en Atenas.

Museo Arqueológico Nacional

5

Además del moderno Museo de la Acrópolis, el Arqueológico Nacional sigue siendo una visita imprescindible para contemplar piezas únicas de la Antigüedad, como las estatuas de bronce de Poseidón y el *Joven jinete*, la máscara de Agamenón, los *kouros* del período hiérato o los frescos de Santorini.

Info

- II, A2
- Oktovriou-Patission 44
- metro Viktoria
- 213 214 4800
- martes de 13 h a 20 h, de miércoles a lunes de 8 h a 20 h
- 12 €
- www.namuseum.gr

El museo contiene la mayor colección de escultura griega del mundo. Abarca desde piezas del Neolítico con más de ocho mil años, a objetos de la Edad de Bronce, inquietantes esculturas geométricas de las Cícladas, valiosas muestras de los periodos minoico y micénico y una magnífica representación de esculturas de los periodos clásico, romano y helenístico, además de una importantísima colección de vasos, joyas, frescos y cerámica encontrados en las excavaciones de toda Grecia. Construido en el tiempo de la Independencia, se ha ido haciendo a través de numerosas donaciones privadas y hallazgos de empresas públicas. En 2008, el museo reabrió las salas de arte egipcio que permanecían cerradas tras los daños que ocasionó el terremoto de 1999. Es recomendable dedicar una mañana o una tarde para recorrerlo sin prisas y poder admirar sus tesoros.

La colección de Prehistoria de la primera planta contiene los hallazgos de Schliemann en las tumbas de Micenas, que incluyen la célebre máscara funeraria de oro atribuida al rey Agamenón del 1600 a.C. o las copas Vaphio. En la **galería 6** se exhibe una buena muestra del arte cicládico que inspiró a Picasso. La extraordinaria colección de escultura muestra su evolución desde el periodo arcaico, como el colosal Kouros de Sunion y las esculturas de bronce de *Poseidón* (siglo V a.C.) y el *Joven jinete a caballo* del siglo II a.C. recuperada de un naufragio.

La **galería de Tera** expone los espectaculares frescos minoicos de Santorini, sepultados por un terremoto que sacudió la isla. Las salas 7 a la 35 del segundo piso exhiben la valiosísima colección de cerámica con las clásicas figuras negras dedicadas a la insuperable escultura helénica expuesta de forma cronológica. El museo tiene una colección de 250.000 monedas, desde las acuñadas en la isla de Egina en el siglo VI, hasta los ejemplares de oro de la época clásica y helenística y las del Imperio Bizantino hasta su declive final.

▶ Máscara de oro de Agamemnon en el Museo Arqueológico Nacional y el famoso fresco de los Niños pugilistas, hallado en la ciudad minoica de Akrotiri (Santorini).

Plaka y Monastiraki

Son los barrios más pintorescos de Atenas. Rodean la Acrópolis por el norte y el oeste. Muy enfocados al turismo aunque conservando su encanto, ambos están llenos de bares, restaurantes y tiendas.

Info

- ⏱ III
- 🚇 Akropoli (línea 2)
  Monastiraki (líneas 1 y 2)

▼ Artículos a la venta en el mercado dominical.

Plaka es el barrio típico donde las tabernas se mezclan con las tiendas de recuerdos y los restaurantes enfocados al turismo. Tiene un encanto singular con sus callejuelas sinuosas y estrechas que serpentean por la ladera, losas de piedra en el suelo y emparrados que a menudo cubren los portales. Se disfruta más si se va pronto, por la mañana, o a partir de las diez de la noche, cuando la masa de turistas del norte de Europa se retira a dormir.

Anafiotika es la parte alta y menos visitada. Fue el barrio de los albañiles que construyeron los grandes edificios neoclásicos del siglo XIX, recreando allí un típico pueblo cicládico. Solo hay que seguir los senderos para encontrar viviendas típicas que parecen surgidas de la roca entre macetas de flores y paredes blancas, estilo mediterráneo de las islas. Por toda la zona de Plaka abundan las casas del

siglo XIX, entre ellas hay varias muy notables que se pueden visitar. Algunos edificios mantienen su estado original, como el **Centro de Tradición Helénica;** otros han sido modernizados y transformados en museos, como el **Kanellopoulos** o el **Museo de Instrumentos Musicales Griegos.** Pero Plaka es un lugar para callejear y salir a cenar. Hay muchos restaurantes. Conviene hacer una buena selección de **tabernas** recomendables, muchas de ellas con música en directo, en las que se cuida que la comida sea de fiar y los precios no resulten abusivos.

Monastiraki tiene sitios agradables para comer o cenar, como en el paseo que discurre cerca de las vías del tren, que no molesta mucho porque está semienterrado. Aquí se puede alternar entre el paseo entre las ruinas del Ágora romana, las terrazas de los locales y la música en verano.

También hay cientos de tiendas a modo de zoco que se apelotonan una tras otra haciendo las delicias de cualquier turista con ganas de comprar algún recuerdo. Los domingos por la mañana está muy animado ya que se convierte en un concurrido mercado de pulgas.

◄ Vista de la Acrópolis desde la azotea de una cafetería en Monastiraki.

Colina Licabeto (Likavitós)

La colina más alta de Atenas domina el lado oriental del casco urbano tanto como la Acrópolis en la parte antigua, y ofrece vistas espléndidas desde la cima.

Antiguamente, la colina Licabeto se encontraba fuera de los límites de la ciudad, ya que hasta el siglo XIX Atenas consistía en un puñado de casas alrededor de la Acrópolis. Según la mitología, fue la

▲ Vista del Monte Licabeto.

Info

- II, C4
- Barrio de Kolonaki
- Evangelismos
  Hay numerosas líneas de autobús que pasan por la avenida Vasilisis Sofías

Funicular o teleferik
- De 9 h a 14:30 h, cada 30 minutos
- 210 721 0701
- 10 € ida y vuelta, 7€ un viaje
- Síntagma, Akropoli
- www.lycabettushill.com/cable-car

propia diosa Atenea quien la formó al dejar caer uno de los dos bloques pétreos que había arrancado en el Pentélico para fundar la Acrópolis y dejar constancia de su triunfo sobre Poseidón en el patronazgo de la ciudad. *Likavitós* significa 'lobos', porque durante la Antigüedad allí tenía su refugio una manada de lobos al acecho de sus presas.

Hoy la colina tiene su propia fauna reptil y varias especies de pájaros que buscan un aire más limpio. Desde la cima se observa la extensión de la metrópolis, que llega hasta el puerto de El Pireo. En días claros, se llega a distinguir algunas de las islas del golfo Sarónico, como Salamina o Egina. Para subir, lo mejor es tomar el funicular. Se puede disfrutar de una panorámica de las ruinas del Olimpión y la Acrópolis, así como de los barrios de la ciudad.

Al norte se ve el **monte Parnaso,** donde habitaban los inmortales. Cerca de la cumbre se halla la **iglesia de Agios Giorgios,** construida sobre un templo a Zeus, y el **teatro Likavitós** al aire libre, en el que hay actuaciones durante el *Festival de Verano.* Aunque hay una pendiente bastante fuerte, para bajar lo mejor es hacerlo caminando.

Plaza Síntagma

La Plaza Síntagma es un lugar icónico para visitar en Atenas, tanto por su belleza arquitectónica como por su importancia histórica.

La Plaza Síntagma, o Plaza de la Constitución, es uno de los lugares más emblemáticos y visitados de Atenas. Esta plaza es el corazón de la ciudad y alberga varios puntos de interés históricos y culturales. El **Edificio del Parlamento** griego es el punto focal de la Plaza Síntagma. Originalmente, fue construido para albergar al Rey Otomano en el siglo XIX, pero desde la independencia de Grecia, en el siglo XX, se convirtió en la sede del Parlamento griego. Los soldados griegos conocidos como los **Evzones**, visten trajes tradicionales y montan guardia frente al edificio, lo que se ha convertido en un espectáculo turístico popular. Al lado del Parlamento, se encuentran los **Jardines Nacionales** de Atenas, un oasis verde en medio de la ciudad. Estos jardines ofrecen un lugar tranquilo para dar un paseo y disfrutar de la flora y la fauna locales. La Plaza Síntagma también ha sido testigo de numerosos eventos, manifestaciones y protestas a lo largo de la historia moderna de Grecia debido a su ubicación frente al Parlamento. La plaza a menudo es el lugar donde los ciudadanos se reúnen para expresar sus opiniones y preocupaciones políticas. A su vez, es un importante nodo de transporte en Atenas. Desde aquí, se puede acceder al sistema de metro de la ciudad y a varias líneas de autobuses que llevan a distintas partes de la ciudad. Además, es un punto de partida común para recorridos turísticos a pie o en autobús. Uno de los edificios más destacados es el hotel **Hotel Grande Bretagne**. Este histórico y lujoso hotel ha sido un punto de referencia en Atenas durante más de un siglo y es conocido por su elegancia y opulencia. La zona también es considerada un importante centro comercial en Atenas. En las calles circundantes, hay una gran variedad de tiendas, boutiques, restaurantes, cafeterías y bares, lo que la convierte en un lugar ideal para ir de compras y disfrutar de la gastronomía local.

Info

- I, C-D3
- 364 Syggrou Avenue, 176 74 Kallithea
- 216 809 1000
- a diario, de 9 h a 21 h
- Kallithea
- www.snfcc.org
- En junio se celebra el *Summer Nostos Festival* con notorios actos culturales y musicales.

▼ Vista aérea de la plaza Síntagma y soldados griegos Evzones.

Estadio Panatenaico

9

Si se está interesado en la historia del deporte, la antigüedad griega o simplemente se quiere experimentar la riqueza histórica de Atenas, una visita al Estadio Panatenaico es una fantástica opción.

El Estadio Panatenaico, también conocido como el Estadio Kallimarmaro, es uno de los lugares más antiguos de Atenas. Este impresionante estadio es un recordatorio tangible de la herencia olímpica de Grecia y su importancia en la historia del deporte. Con su atmósfera histórica y cultural es un lugar que atrae a turistas de todo el mundo. Es único en el sentido de que es un estadio construido completamente en mármol blanco. Fue originalmente construido en el siglo IV a.C. por el político y filántropo griego Licurgo, con el propósito de albergar los eventos atléticos de los Juegos Panatenaicos, que eran una parte de las festividades en honor a la diosa Atenea. La estructura actual data principalmente del año 144 d.C., durante el gobierno del emperador romano Herodes Ático, pero ha sufrido varios reconstrucciones a lo largo de los siglos. Aquí

▶ Vista nocturna del Estadio Panatenaico y escultura ante las gradas.

fue donde se llevaron a cabo los primeros Juegos Olímpicos de la era moderna en 1896. Esta elección simbolizaba el renacimiento de los Juegos Olímpicos en la antigua cuna de la civilización olímpica. Originalmente tenía una capacidad para albergar a unos 50,000 espectadores. A pesar de las restauraciones, el estadio moderno tiene una capacidad reducida y actualmente puede acomodar a alrededor de 45,000 personas, lo que lo convierte en uno de los estadios más pequeños utilizados en los Juegos Olímpicos modernos. Aunque el estadio ya no se utiliza para eventos deportivos a gran escala, ocasionalmente alberga conciertos, eventos culturales y ceremonias especiales. Se puede recorrer el estadio, caminar por la pista de mármol y disfrutar de vistas panorámicas de la ciudad desde las gradas. También es un lugar impresionante para tomar fotografías. El estadio alberga un pequeño museo que exhibe objetos relacionados con la historia de los Juegos Panatenaicos y los Juegos Olímpicos modernos. Se pueden encontrar recuerdos, medallas, esculturas y otros artefactos históricos que arrojan luz sobre la rica historia del deporte en Grecia.

Info

- II, D3
- Vasileos Konstantinou Barrio de Mets
- 210 752 2984
- De 8 h a 19 h
- 10€, menores de 6 años gratis
- www.panathenaicstadium.gr

Mercado Central

10

El Mercado Central es una experiencia ineludible para los amantes de la gastronomía y la cultura local. Es el sitio perfecto para degustar y adquirir auténticos productos griegos en un entorno encantador y animado.

Info

✉ Varvakeios Agora 68
🕐 De 7 h a 18 h.
Domingos cerrado

El Mercado Central de Atenas es un destino popular para los turistas que desean explorar la riqueza de la cultura culinaria griega. Se encuentra en el centro de la ciudad, cerca del área de Plaka y la Plaza Sintagma. Es de fácil acceso a pie o en transporte público desde muchas partes del centro de Atenas. El mercado ha estado en funcionamiento durante más de un siglo y es uno de los mercados públicos más antiguos de la ciudad. Fue inaugurado en 1886 y ha sido un importante punto de encuentro para los atenienses a lo largo de su historia. El edificio es una estructura de hierro forjado de estilo neoclásico que se asemeja a las antiguas estaciones de tren europeas. Su diseño arquitectónico lo convierte en una atracción en sí mismo. El mercado se divide en dos secciones: la principal, donde se encuentran los puestos de alimentos, y una sección

▶ Diversos puestos del Mercado Central de Atenas.

más pequeña donde se venden productos textiles y artesanías. En la sección de alimentos, se puede encontrar una gran variedad de puestos con productos frescos y deliciosos. Principalmente está especializado en productos frescos, carnes, pescados, frutas, verduras, hierbas, especias, aceitunas, quesos, panes y otros alimentos. Los carniceros, pescaderos, vendedores de aceitunas y queseros, entre otros, ofrecen productos de alta calidad. Es un lugar ideal para sumergirse en la auténtica gastronomía griega y experimentar los sabores locales. Muchos visitantes disfrutan explorando los pasillos llenos de colores y sabores, observando a los vendedores en acción y aprendiendo sobre los ingredientes esenciales de la cocina griega. Además de alimentos, el mercado también es un lugar ideal para comprar recuerdos y productos artesanales. Y también hay restaurantes y tabernas donde se pueden probar platos tradicionales griegos. El Mercado Central suele estar abierto de lunes a sábado durante la mañana y la tarde, aunque los horarios pueden variar, por lo que es recomendable confirmar los horarios antes de visitarlo.

Visita a la ciudad y alrededores

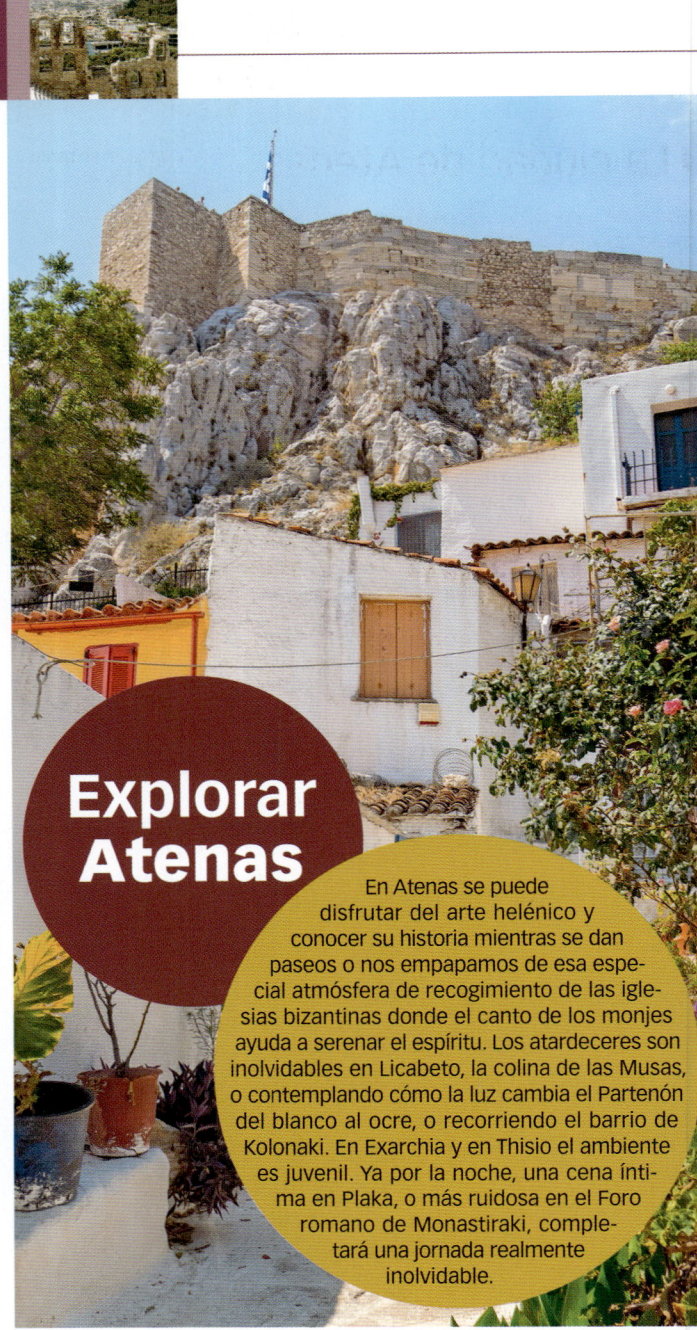

Explorar Atenas

En Atenas se puede disfrutar del arte helénico y conocer su historia mientras se dan paseos o nos empapamos de esa especial atmósfera de recogimiento de las iglesias bizantinas donde el canto de los monjes ayuda a serenar el espíritu. Los atardeceres son inolvidables en Licabeto, la colina de las Musas, o contemplando cómo la luz cambia el Partenón del blanco al ocre, o recorriendo el barrio de Kolonaki. En Exarchia y en Thisio el ambiente es juvenil. Ya por la noche, una cena íntima en Plaka, o más ruidosa en el Foro romano de Monastiraki, completará una jornada realmente inolvidable.

I La ciudad de Atenas

◄ Calle típica en un barrio de casitas isleñas, Anafiotika.

Una visita corta a Atenas puede resultar una estancia aprovechada si se planifica bien. La capital griega es una ciudad populosa, pero lo que interesa ver y explorar es el núcleo histórico, que es recomendable recorrer a pie y disfrutando a cada paso. El truco está en hacerlo a horas distintas al turismo europeo.

Es absolutamente cierto que visitar Atenas puede ser una delicia si se hace de forma adecuada. No importa el barrio o la zona donde se esté alojado –aunque si es cerca de Plaka, siempre se puede caminar–, lo mejor es coger el metro hasta la estación de Akropoli. Nada más salir, encontramos el **Partenón** en la cima. Observar con cuidado esta joya de la Antigüedad olvidando las grúas y las masas de turistas que pululan a sus pies es toda una experiencia.

Antes de zambullirse por completo en el mundo de la Acrópolis, se puede comenzar visitando las ruinas del **Templo de Zeus,** para volver por el **Arco de Adriano,** la gran puerta que unía la ciudad antigua y la nueva en tiempos de los romanos. Recorrer los restos de la columnata del templo da una idea de la magnificencia de la civilización helénica.

Al principio del paseo peatonal que bordea la Acrópolis está el nuevo **Museo de la Acrópolis** para introducirnos en su espectacular universo.

▲ Estatuas en el interior del museo.

▼ La entrada al Museo de la Acrópolis.

LO QUE HAY QUE VER

| ACRÓPOLIS (▶22) ★★★

| ÁGORA ROMANA ★★★

Como "madre espiritual" de la Europa romana, Atenas tuvo un papel importante en la expansión de la metrópoli y así, ya el propio Augusto hizo construir la puerta de cuatro columnas que conducía al **Ágora romana,** un recinto que Adriano el emperador, que tanto amó Atenas, rodeó con columnas de mármol. El conjunto ofrecía una vista armónica con sus lados porticados para los puestos de mercaderías, una puerta de estilo jónico en el lado oeste de la que se conservan cuatro columnas, y otra de estilo dórico al este llamada **Pilitis Arhigetidos Athinás,** la mejor conservada, que se construyó en el año 11 a.C. gracias a las donaciones de Julio César y Augusto.

Se puede ver desde fuera, ya que los restos arqueológicos están rodeados por un muro de piedra que llega hasta la cintura, aunque evidentemente no es lo mismo que pasear entre sus ruinas. Su principal atracción es la **Torre de los Vientos,** una donación que hizo a la ciudad Andrónico Cyrres-

◀ Ruinas del Teatro de Dionisio, en la Acrópolis.

• • • • • • • • • •

◉ II, C1-2
🚇 Monastiraki
◷ De 8 h a 20 h, última entrada a las 19:30 h
🎟 8 €, entrada combinada 30 € válido para 5 días
🌐 www.odysseus.culture.gr

▼ Ágora romana.

tus hacia el año 40 a.C. y que puede considerarse el primer reloj público europeo, pues marcaba las horas con un mecanismo hidrológico que se movía con precisión gracias a un canal que descendía de la Acrópolis. También contaba con un compás astronómico y relojes solares para las estaciones. Su original traza octogonal estaba rematada por una veleta que apuntaba la dirección en una rosa de los vientos.

El friso superior tiene bajorrelieves que representan a los ocho dioses de los vientos, entre ellos *Eolou (Eolo)* que da nombre a la calle. La torre fue diseñada por un astrónomo de Macedonia y se utilizó como iglesia en los primeros tiempos del Cristianismo. Durante el verano suelen organizarse entre las ruinas del Ágora romana conciertos al aire libre que son muy agradables. Tienen un precio moderado y constituyen un romántico fondo musical si se ha elegido cenar en alguna de las terrazas que bordean el recinto.

► Torre de los Vientos.

❙ ANTIGUA UNIVERSIDAD ✱

Ascendiendo hacia la ladera de la Acrópolis por la calle Avrilou, se llega a la **antigua Universidad** y la pequeña **iglesia de Agios Nikolaos,** muy popular entre los atenienses. Si se visita durante la Pascua ortodoxa, se puede entrar con los fieles. Continuando la calle Adrianou hasta Áreos encontramos los

◀ Biblioteca de Adriano.

restos de lo que fue la impresionante **Biblioteca de Adriano.** Fue mandada construir por este culto emperador romano nacido en la Bética entre los años 132-35 y constaba de un patio central de reposo y conversación, con arbolado y estanque, rodeado de cien columnas, al que daban distintas salas destinadas a biblioteca, lectura, lecciones magistrales y reuniones de sabios. Fue arrasada en varias ocasiones y sus columnas utilizadas en otras construcciones.

En la actualidad queda un muro de bloques de piedra caliza, decorado por siete columnas de estilo corintio. Desde fuera del recinto pueden verse los restos de una antigua basílica cristiana del siglo V, reconstruida durante los siglos VII y XI.

I CERÁMICO O CEMENTERIO DE LOS ALFAREROS ★★★

Es uno de los yacimientos arqueológicos más ricos de Atenas en el que se ha venido excavando desde el siglo XIX con resultados espectaculares. Lo más importante es el hallazgo de la antigua necrópolis de la Edad Clásica, con varios monumentos funerarios.

Llamado así por ser el antiguo barrio de los alfareros, el Cerámico abarca el área meridional del ágora griega, al final de la calle Ermou.

El **Paseo de las Tumbas,** que sale al oeste desde Odós Pireós, se une a la Vía Sacra que enlazaba la Acrópolis con el santuario de Eleusis. El recinto tenía dos puertas que comunicaban el interior con la parte de extramuros. La puerta principal era el Dipilon (siglo V), con cuatro torres en sus extremos y cuyos restos pueden apreciarse todavía. La otra era la puerta Sagrada. Aquí se encuentran las sepulturas más ostentosas, como la del rico tesorero ateniense Dionisio de Kollyvada.

Iglesia de Agios Nikolaos
🕐 Horario de culto

Biblioteca de Adriano
✉ En el Ágora romana. Se puede ver desde el exterior
☎ 210 324 9350
🕐 De 8 h a 15 h
💶 4 €, gratis con el Acropolis pass
🌐 www.odysseus.culture.gr

🗺 I, B-C1
✉ Entrada por Ermoú, 148
☎ 210 346 3552
🕐 De lunes a domingo, de 8 h a 15 h
💶 8 €, gratis con el Acropolis pass combinado (30 € válido para 5 días)
🌐 www.odysseus.culture.gr

PASEO A PIE

Distancia
3-4 km en total.

Duración
Una jornada completa dividida entre mañana y tarde con varios descansos.

Punto de partida
Entrada norte del Partenón en la cumbre de la Acrópolis.

Punto de llegada
Zona de ocio de Thisio con bares, restaurantes y cines al aire libre.

▼ Monastiraki.

Paseo por la Acrópolis y Monastiraki

❚ Nada como comenzar en la cima de la Acrópolis, viendo de cerca el Partenón y la panorámica que llega hasta El Pireo y el golfo Sarónico.

Tras recorrer el camino de la gran procesión panatenaica y bajar por los Propíleos, es momento para ir a la antigua Ágora subiendo antes al promontorio del **Areópago** y el **monumento de Filopapos,** con vistas de la Roca Sagrada.

❚ Hacia el Ágora griega con dirección al **Cerámico**, no hay que olvidar el plano de la necrópolis para identificar sus restos. En el **Paseo de las Tumbas** conviene recordar que empezó la vida humana del núcleo ateniense hace más de 3.000 años.

De camino hacia la salida sudoeste está **Thisio,** el **Templo de Hefestos,** que ha sido iglesia de San Jorge y el mejor conservado de Atenas.

❚ Continuando hacia la estación de metro de Thisío, hay que tomar la calle **Vivliothiki Adrianou.** Eso llevará al **Ágora romana.**

Cerca está la **Torre de los Vientos** (▶47), un verdadero pionero de los relojes municipales que medía las horas solares, los días, los meses y los vientos. Se puede curiosear por las tiendas y puestos de la zona de Monastiraki o tomar un aperitivo, con *ouzo y calamaris.*

❚ De vuelta a la parada de Akropoli, se podría seguir la visita por la calle Byron, y tomar un café a la griega en la **plaza de Lisícrates** (▶62), en una de sus encantadoras y recomendables terrazas.

De vuelta al Museo de la Acrópolis. La presencia del museo vanguardista con la vista del Partenón tras las cristaleras es una experiencia.

❚ Volviendo al paseo peatonal Dionissiou Areopagitu, se encuentran las ruinas del **Teatro de Dionisos,** que merecen visitarse de cerca.

Más adelante, el **Odeón de Herodes Ático** y los restos de los pórticos y paseos de los filósofos completarán la visita. Se puede descansar en la zona verde que se abre entre la Acrópolis y la colina de las Ninfas y cenar más tarde en un restaurante de Thisio.

La necrópolis tiene un interesante **museo** que lleva el nombre de **Gustav Oberlander,** el mecenas que sufragó las grandes excavaciones de 1930. Contiene cerámica de la época micénica y geométrica y estelas funerarias, algunas muy conmovedoras.

∎ FUNDACIÓN STAVROS NIARCHOS

Este enorme centro cultural abrió sus puertas en 2017. Este futurista edificio de cristal, rodeado de un lago artificial y varios jardines, consta de dos partes integradas. A un lado podemos encontrar la nueva **Biblioteca Nacional**, con más de 2 millones de volúmenes y una de las mayores colecciones de manuscritos griegos. El el lado opuesto tenemos la **Ópera Nacional.** Está pensada para representaciones de ópera y ballet, así como otras actuaciones y proyectos experimentales e infantiles. El centro también dispone de una amplia recepción, el Stavros Niarchos Hall, con una estética, características técnicas y acústica únicas, y la sala Alternative Stage, utilizada para otras actuaciones culturales.

∎ MEZQUITA FETHIYE

Este monumento turco dedicado al sultán Mehmet II, está en el Ágora romana. Fue construida en 1456 sobre los cimientos de una basílica paleocristiana, aunque hoy, rodeada de naranjos, se utiliza como depósito de restos arqueológicos. Frente a la entrada, en la esquina entre las calles Eolu y Pelopida, pueden verse los restos de una *madrassa* o **escuela** coránica de 1721 que fue parcialmente destruida por los griegos que se rebelaron contra los turcos en la Guerra de Independencia.

Museo Gustav Oberlander
☎ 210 346 3552
◷ De lunes a domingo, de 8 h a 15 h

◷ I, C-D3
✉ 364 Syggrou Avenue, 176 74 Kallithea
☎ 216 809 1000
◷ a diario, de 9 h a 21 h
Kallithea
🖥 www.snfcc.org
ℹ En junio se celebra el *Summer Nostos Festival* con notorios actos culturales y musicales.

Biblioteca Nacional
◷ II, B2
✉ Panespitimiou, 32 Fereou
☎ 210 338 2541
◷ lunes a jueves, de 9 a 20 h, viernes y sábado, de 9 a 14 h, domingos cerrado
🖥 www.nlg.gr

◷ III, B1
✉ En el Ágora romana. Se puede ver desde el exterior

▼ Biblioteca Nacional y patio en la fundación Stavros Niarchos.

ATENAS I

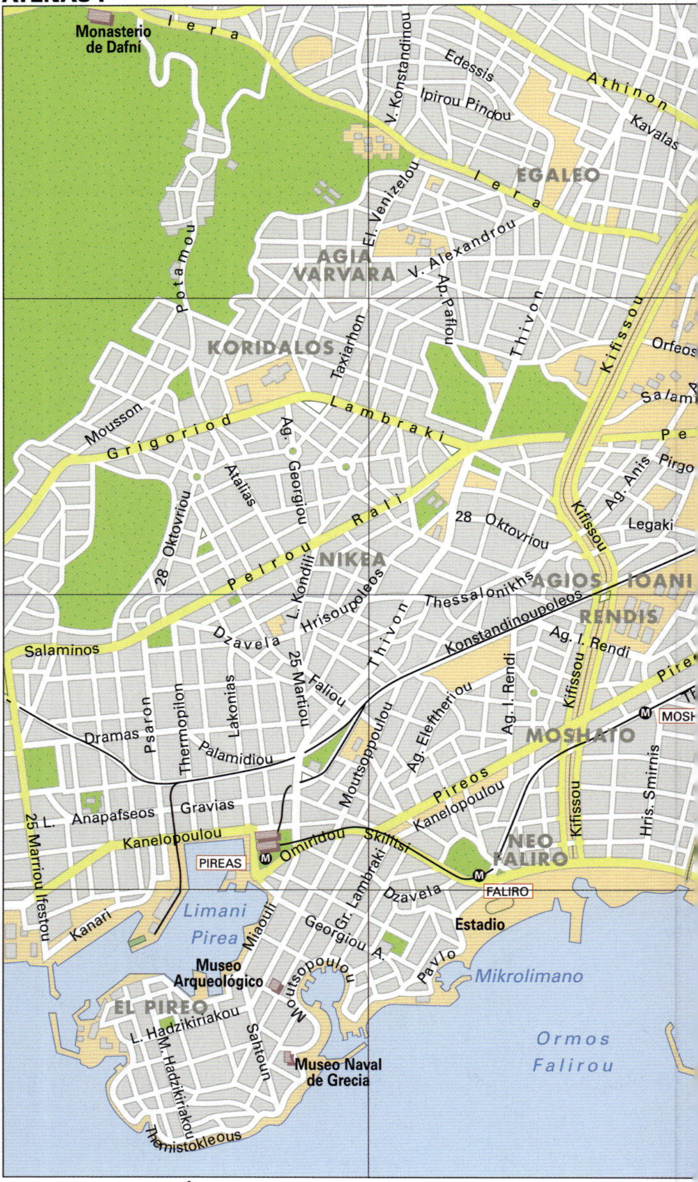

Monasterio
de Dafni

EGALEO

**AGIA
VARVARA**

KORIDALOS

NIKEA

**AGIOS IOANI
RENDIS**

MOSHATO

MOSH

**NEO
FALIRO**

FALIRO

Salaminos

Dramas

Anapafseos

Gravias

Kanelopoulou

PIREAS

Estadio

*Limani
Pirea*

Museo
Arqueológico

EL PIREO

Museo Naval
de Grecia

Mikrolimano

*Ormos
Falirou*

Iera

Athinon

V. Konstandinou

Edessis

Ipirou Pindou

Kavalas

El. Venizelou

Iera

V. Alexandrou

Ap. Pafiou

Thivon

Taxarhon

Lambraki

Orfeos

Salam

Mousson

Grigoriod

Ag.

Georgiou

Rali

28 Oktovriou

Kifissou

Pe
Pirgo

Ag. Anis

Legaki

28 Oktovriou

Atalias

Pelrou

Kondilis

Thivon

Thessalonikhs

Konstandinoupoleos

Ag. I. Rendi

Pire

Dzavela

Hrisoupoleos

25 Martiou

Faliou

Ag. Eleftheriou

Ag. I. Rendi

Kifissou

Thermopilon

Lakonias

Palamidiou

Moutsopoulou

Pireos

Kanelopoulou

Kifissou

Hris. Smirnis

Omilidou

Skilitsi

Psaron

25 L. Marriou Ifestou

Kanari

Miaouli

Gr. Lambraki

Dzavela

L. M. Hadzikiriakou

Georgiou A.

Pavlo

Sahtouri

Moutsopoulou

L. Hadzikiriakou

Themistokleous

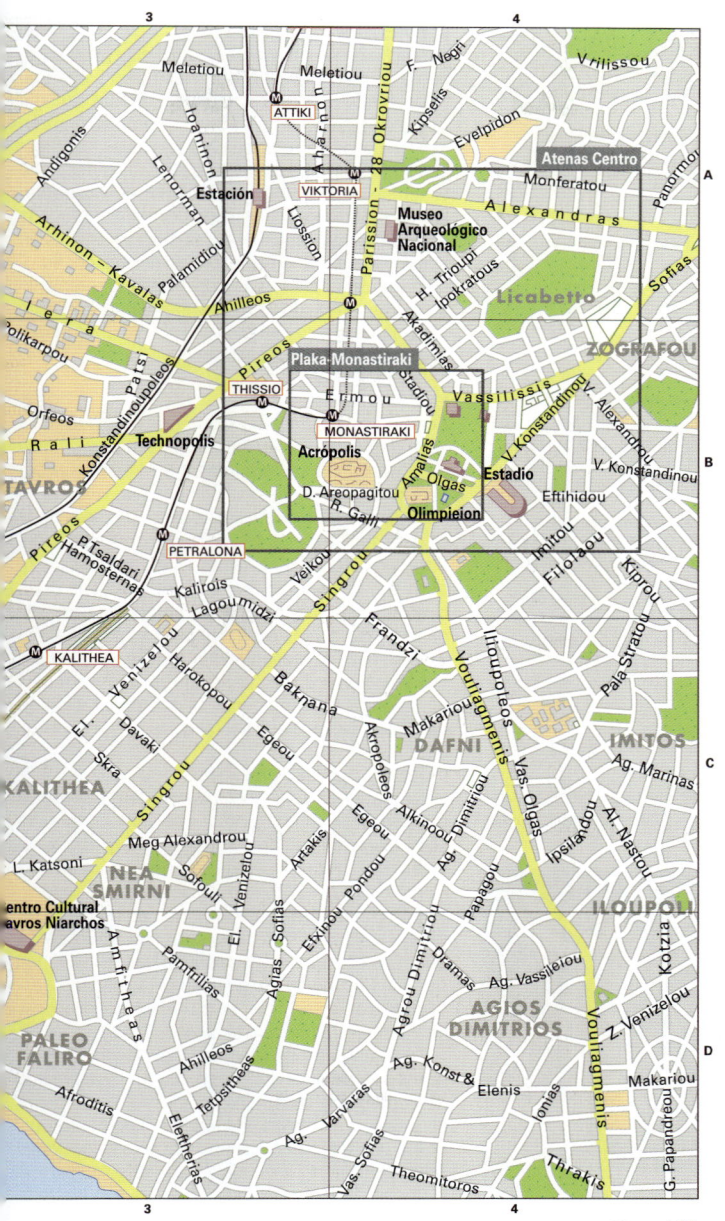

Academia
- II, B2-3
- 28 Panepistimiou Avenue
- 210 366 4700

Universidad de Atenas
- II, B2
- Riga Fereou

- I, C-D1
- Barrio portuario al sur de Atenas
- línea verde Piraeus

Museo Naval de Grecia
- Akti Themistokleous, Plateia Freatidas, Zea Marina
- 210 451 6264
- www.hmmuseum.gr
- 4 €
- De martes a domingo de 9 h a 14 h

- El Odeón forma parte del conjunto de la Acrópolis

▲ Entrada a la Academia.

I NEAPOLI Y EXARCHIA ★★

Con el fin de devolverle a la ciudad el espíritu europeo y su gran esplendor arquitectónico y cultural, se acometió un plan de reformas urbanas que dio vida a estos dos barrios. Neapoli, como su nombre indica, fue la zona elegida para la nueva ciudad decimonónica. Entre sus edificios de estilo neoclásico caben destacar el **Museo Nacional de Arqueología**, el **Palacio Real,** hoy sede del Parlamento, o la **Academia de Atenas**. Exarchia, por su parte, es un barrio bohemio, anárquico y reivindicativo por antonomasia. Su cercanía a la Universidad de Atenas lo convierten en residencia de jóvenes universitarios de todo el país, por lo que es el sitio idóneo para palpar la cultura viva de la actual Atenas.

I EL PIREO ★★

Aunque resguardada en el interior y alejada de la línea de costa, Atenas ha formado siempre parte de la tradición marinera griega. El Pireo ha sido su puerto natural desde que comenzó la navegación en la Edad de Bronce. Hoy es un barrio más de la ciudad, atípico y pintoresco. Desde aquí es posible coger un barco para visitar las Islas Sarónicas (>97), pero conviene en un mapa sobre el muelle de la mejor forma de ir, para evitar sorpresas desagradables y caminatas agobiantes. En el puerto Limin Zeas se halla el **Museo Naval de Grecia** que contiene maquetas de barcos, desde antiguos trirremes a modernos barcos de guerra, documentación de batallas navales, dibujos y reliquias.

I ODEÓN DE HERODES ÁTICO ★★

La ladera sur de la Acrópolis estaba dedicada al arte dramático. En tiempos del emperador Adriano, el césar hispano enamorado de Atenas que llegó a vivir en ella, se construyó un segundo anfiteatro. Lo sufragó uno de los hombres más ricos de la época, Tiberio Claudio Herodes Ático, que en recuerdo de su amada esposa Rigila, hizo tallar en la misma roca asientos para 5.000 espectadores. Hoy se le conoce como el **Herodeion.** Su graderío fue totalmente restaurado tras la Segunda Guerra Mundial para acoger los *Festivales de Verano de Atenas.*

Entre el teatro de Dionysos y el Odeón, bajo las restos del Asklipion, están las ruinas del largo **Pórtico de Eumenes II**, construido por este rey de Pérgamo en el siglo II a.C. Originariamente era un paseo porticado que utilizaban los filósofos en sus lecciones "peripatéticas" ("paseando"). Cuando se construyó el Odeón, sirvió de vestíbulo para el nuevo teatro.

◄ Odeón de Herodes Ático, con la ciudad al fondo.

5 LUGARES ROMÁNTICOS

▌ Noches de luna llena en el templo de Poseidón

Uno de los lugares con más magia cercanos a Atenas es el cabo Sunion, con toda la grandeza del mar Egeo a nuestros pies. Habitualmente, la entrada al cabo tiene restricción horaria, pero esta se levanta las noches de luna llena; en ellas podremos quedarnos tras la puesta de sol y disfrutar de la claridad de la luna en todo su esplendor.

▌ Vistas desde el monte Licabeto

El monte es un lugar sagrado excepcional para gozar de vistas soberbias de Atenas. Muy cerca está la capilla de Agios Georgios, una modesta construcción del siglo XVIII edificada sobre el antiguo templo de Zeus. La plaza de la capilla es un lugar mágico para contemplar relajadamente el atardecer.

▌ Un helado en el Jardín Nacional

Justo al lado del Parlamento y de la plaza Síntagma, están los antiguos jardines reales. El número de rincones románticos que contiene es inacabable: puentes de madera, parterres, esculturas y minúsculos pabellones, pasando por arcadas cubiertas de flores. Si lo acompañamos con uno de los deliciosos helados de **Le Greche,** la combinación será perfecta. La recomendación: higos de *Kalamata* y *ricotta* de Creta.

▌ Un paseo por Anafiotika

Pasear por este barrio en la parte alta de Plaka nos traslada rápidamente a los rincones típicos de las islas griegas. Calles desordenadas y estrechas, escaleras, pequeñas casitas blancas con detalles de color azul y flores de vivos colores harán que, de encontrar un rincón apartado, podamos parar el mundo por un momento y trasladarnos a un océano de calma.

▌ Un baño turco

¿Qué mejor que terminar el día relajándose en un *hammam*? Esta ancestral tradición de los siempre controvertidos vecinos turcos se ofrece en numerosos sitios del centro ateniense. El lugar ideal para recuperar fuerzas y relajar los músculos tras un intenso día de turismo. Una opción es **Al Hamman** en Rogava St. Plaka (www.alhamman.gr).

⊙ III, D2

▌ TEATRO DE DIONISOS ★★

Desde la Acrópolis se puede ver este teatro, que fue el primer espacio escénico fijo construido en piedra y con graderíos de mármol. Inaugurado por Pisístrato en 534 a.C., con él nació el arte de la dramaturgia. En él se celebraban los Festivales de Primavera en honor a Dionisos y en su programa anual figuraban tres poetas trágicos y cinco cómicos seleccionados previamente. Su aforo daba cabida a 15.000 ciudadanos que se distribuían en 67 gradas.

Al fondo, en un estrado sobre el escenario, estaban las tribunas de honor reservadas a los magistrados y al sacerdote de Dionisos, que hacían de jurado de las obras. Aún quedan en primera fila los asientos de mármol reservados a los estrategas, generales, arcontes y al hierofante del oráculo de Delfos.

Al este del recinto del teatro aún pueden verse huellas de lo que fue el **Odeón de Pericles,** una construcción original precursora del circo romano y los cosos españoles, en la que se organizaban concursos de música. Al oeste estaba el **Santuario de Asclepio o Esculapio,** dios de la medicina, al que peregrinaban enfermos y familiares para dejar exvotos y hacer rogativas por su salud.

Encaramadas en la ladera, quedan las **ruinas de los monumentos** erigidos a **Thrasyllos y Nikias** en el siglo IV por sus victorias en concursos de teatro.

▶ Escultura Esfera del Milenio, en Technopolis (Gazi).

▌ TECHNOPOLIS ★★

Es un centro cultural en pleno barrio de Gazi, en el que se realizan eventos alternativos, conciertos, festivales y exposiciones. En el espacio central se encuentra la Esfera del Milenio, una escultura que simboliza la paz en el mundo a través de una esfera rodeada de ramas de olivo. Dentro de todos los espacios del complejo cabe destacar 4 edificios. En el primero se puede encontrar un museo dedicado a María Callas. El segundo lo conforman un auditorio, con capacidad para 250 personas, y el Museo de

⊙ I, B3
✉ 100 Pireos St
Ⓜ Keramikos
☎ 210 010 9300
🕐 de lunes a domingo,
   de 10 h a 22 h
€ Según espectáculos
🖥 www.athens-technopolis.gr

▲ Templo de Hefesto.

la Radio, desde donde se emite Radio Atenas. Un tercer edificio, con forma circular, es conocido como Innovathens. Este espacio se destina a todo aquello relacionado con la innovación tecnológica. El cuarto edificio, llamado Nikos Gatsos, es el más grande y suele utilizarse para conciertos. Además, el recinto cuenta con un pequeño restaurante llamado Gazalo, con mesas al aire libre, donde se puede comer algo ligero o tomar un refresco.

I TEMPLO DE HEFESTO O TESEION ★★★

Este hermoso templo que domina la parte occidental del Ágora es el mejor conservado de Grecia. También se conoce como **Teseion** (Thission) porque algunos de sus frescos muestran a Teseo, héroe legendario ateniense, y a su padre Egeo, uno de los reyes míticos que se arrojó al mar al creer que su hijo había sido derrotado, dando su nombre al mar Egeo.

Hefesto, o Hefaistos, era el dios del fuego y la metalurgia, patrón de herreros y orfebres. El templo dórico, construido entre 449-444 a.C. por orden de Pericles, da comienzo a la Edad de Oro. Desde la época bizantina y hasta el siglo xix fue utilizado como iglesia dedicada a San Jorge.

◉ III, A1

ATENAS II

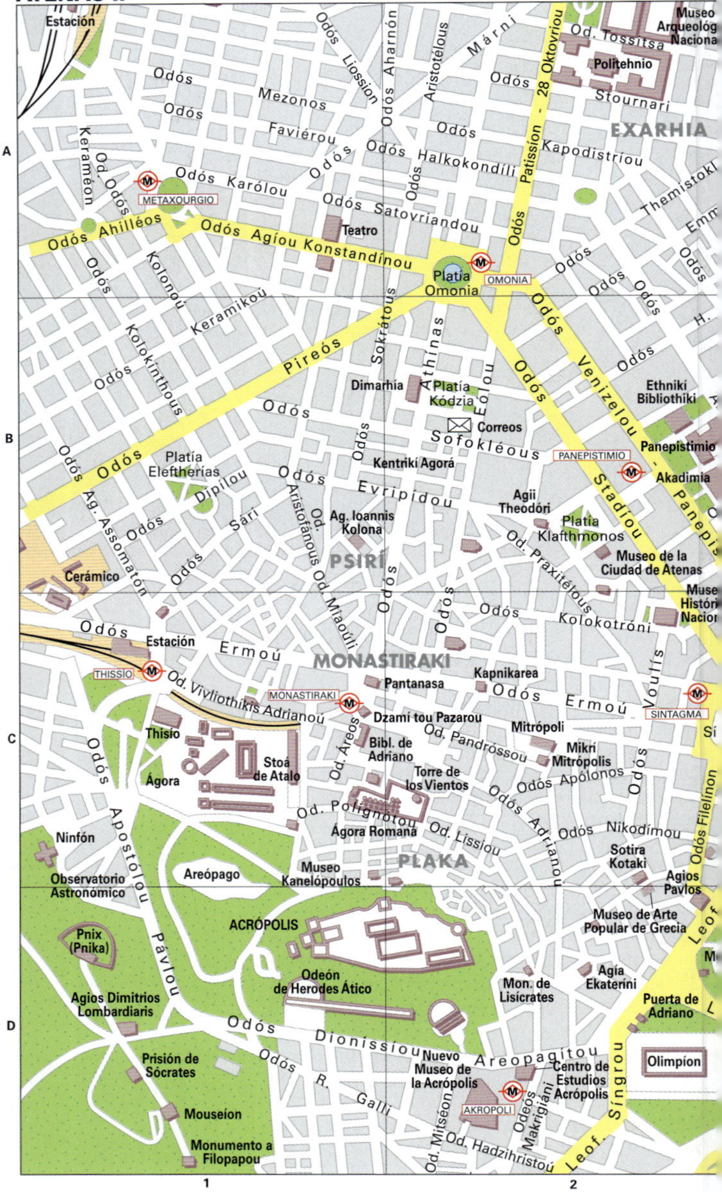

A

Estación

Odós Liossion
Odós Aharnón
Odós Aristotélous

Odós
Mezonos
Faviérou

Odós Aristotélous
Odós

Márni
Od. Tossitsa

Museo
Arqueológico
Nacional

Politehnio

Stournari

Patission - 28 Oktovriou
Kapodistriou

EXARHIA

Themistokli

Odós Karólou
METAXOURGIO

Od. Kerameón

Odós Ahilléos
Odós Agíou Konstandínou

Teatro

Odós Halkokondíli
Odós Satovriandou

Platía
Omonia
OMONIA

Emm

B

Kolonoú
Keramikoú

Píreós

Sokrátous
Athinas

Platía
Kódzia
Correos
Sofokléous

Dimarhía

Ethniki
Bibliothiki

Venizelou

Stadiou

Panepis

H.

Odós
Kolokinthous

Odós Ag. Asomáton

Platía
Eleftherías

Dipilou
Sári

Aristofánous Od. Miaoúli

Odós

Evrípidou

Kentriki Agorá

Ag. Ioannis
Kolona

Agii
Theodóri

Platía
Klafthmonos
Od. Praxitelous

PANEPISTIMIO

Panepistimio

Akadimia

Museo de la
Ciudad de Atenas

Mus
Históri
Nacio

Cerámico

Odós

Odós
Kolokotróni

C

Odós
Estación
THISSÍO
THISSÍO
Ermoú

Od. Vivliothikis Adrianoú

MONASTIRAKI

Kapnikarea

Pantanasa

MONASTIRAKI

Dzami tou Pazarou

Ermoú

Voutís

SINTAGMA

Thisío

Stoá
de Atalo

Bibl. de
Adriano

Od. Pandróssou
Od. Areos

Mitrópoli

Mikri
Mitrópolis

Odós Filellinon

Sí

Ágora

Torre de
los Vientos

Odós Apólonos

Odós Adrianou

Agora Romana
Od. Polignótou
Od. Lissíou

Odós Nikodímou

Odós
Ninfón

Apostólou
Pávlou

Museo
Kanelópoulos

PLAKA

Sotira
Kotaki

Agios
Pavlos

Observatorio
Astronómico

Areópago

Museo de Arte
Popular de Grecia

Leof.

Pnix
(Pnika)

ACRÓPOLIS

Agía
Ekaterini

M

D

Agios Dimitrios
Lombardiaris

Odeón
de Herodes Ático

Mon. de
Lisicrates

Puerta de
Adriano

Prisión de
Sócrates

Odós

Odós

Dionissíou

Areopagítou

Nuevo
Museo de
la Acrópolis

Centro de
Estudios
Acrópolis

Olimpíon

Mouseion

R.

Galli

Od. Mitsáon
Od. Makriyáni

AKROPOLI

Leof. Singrou

Monumento a
Filopapou

Od. Hadzihristóu

1
2

Origen de Plaka

El origen del nombre del barrio no se conoce con certeza. "Plaka" en griego significa 'losa' o 'pizarra'. Una teoría propone que el nombre deriva de una gran losa de piedra que se encontró cerca de la iglesia de Agios Georgios, cerca del Teatro de Dionisos.

Plaka y Monastiraki

No se puede viajar a Atenas sin conocer su barrio más famoso. Incluso es posible encontrar aquí alojamiento si no se va en un viaje organizado y se hace con tiempo suficiente. Es la mejor manera de estar cerca de los monumentos principales y acceder a ellos a pie sin depender del transporte público, aunque el metro actual es muy bueno, y desde Omonia o Síntagma se puede llegar fácilmente a las estaciones de Akropoli o Monastiraki. Es el lugar ideal para comer en una taberna o en cualquiera de los muchos restaurantes que flanquean sus calles. No es un barrio nocturno ni de copas, para eso hay otras zonas como Thisio, Exarchia o los alrededores de la plaza Síntagma. Las mejores horas son, sin duda, las primeras de la mañana o de la tarde.

ANAFIOTIKA **

Forma la parte alta de la ladera, en el límite del recinto de la Acrópolis donde comienza el talud rocoso. Aquí no existe el ambiente ruidoso de Plaka, no hay bares ni tiendas sino casitas enjalbegadas de blanco con cenefas azules, igual que en la arquitectura de las Cícladas. Caminar por sus estrechos pasadizos y recorrer sus senderos es como trasladarse de pronto a un pueblecito de una isla. Y así es, en efecto, porque cuando el rey Otón decidió construir su palacio, tras su coronación en 1832, llamó a los que tenían fama de mejores constructores y estos,

▼ Calle en Anafiotika.

que provenían de la isla cíclada de Anafi, cercana a Santorini, comprendieron que su estancia en Atenas iba a ser larga, por lo que pidieron permiso para recrear su pueblo con casitas blancas y callejuelas estrechas, a los pies de la Acrópolis. Las viviendas surgen de la misma roca y suelen estar cubiertas de emparrados y adornadas con macetas de flores.

Entre el laberinto de caminos, al final del recorrido y en una zona más urbana, está la iglesia de **Agios Nikolaos Ragkabas**, del siglo XI, llamada así por el emperador de Bizancio Miguel I, de la dinastía Ragkabas, a cuyo palacio pertenecía este pequeño y precioso templo en el que se puede participar del rito de las flores y la paz durante la Pascua ortodoxa.

Continuando hacia el oeste, se encuentra la **iglesia Panayíu Tafu** (del Santo Sepulcro), un pequeño monasterio altomedieval dependiente de la Orden del Santo Sepulcro de Jerusalén, aunque el templo data del siglo XVII. Existe otra iglesia en Anafiotika, la de **Panayía Hrisokastriótisa**, cuyo icono tiene fama de milagroso y es objeto de veneración entre los atenienses que piden fervorosamente su ayuda.

▲ Taberna en Plaka.

CATEDRAL Y ALREDEDORES ✳

Al llegar a la **plaza Mitrópolis** hay dos iglesias muy distintas en tamaño y época, que ofrecen un vivo contraste una frente a otra. Son la catedral vieja y la nueva. La más pequeña se llama **Mikri Mitropoli** (Pequeña Mitrópolis). Se trata de un templo del siglo XII dedicado a San Eleuterio (Agios Eleftheios), con un interior decorado por fragmentos de obras clásicas y bizantinas de los siglos VI y VII que merece la pena visitar. Conserva un friso en la parte superior de la fachada, muy curioso y de origen más bien pagano, en el que pueden verse las figuras del Zodíaco representando las fiestas del calendario. La antigua iglesia, que data del tiempo del cisma ortodoxo y se ciñe a las dimensiones reducidas que exigía el rito oriental, resulta empequeñecida por su enorme vecina, la **Megali Mitropoli** (Gran Mitrópolis), moderna Catedral de Atenas levantada en el solar de un monasterio demolido en 1827, cuando la Independencia.

Por cualquiera de las dos calles desde la plaza en dirección a la Acrópolis, se llega a la calle principal de Plaka, **Adrianou**, en cuyo extremo oriental se encuentra el Ágora romana. La cuarta calle a la derecha, Kidathineon, lleva a la **plaza Filomouson,** plaza principal de Plaka llena de tabernas y restaurantes con terrazas en las aceras. También hay bancos para sentarse a descansar y observar la plácida charla de los griegos, muy acostumbrados al trasiego de visitantes.

II, C2
Plateia Mitropoleos
Monastiraki
210 335 2380
De 8 h a 19 h.
Misas: 18.30 h

Mikri Mitropoli
210 322 1308
Martes, jueves y viernes de 8 h a 14 h

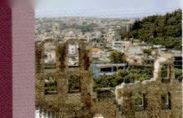

ATENAS III. Plaka y Monastiraki

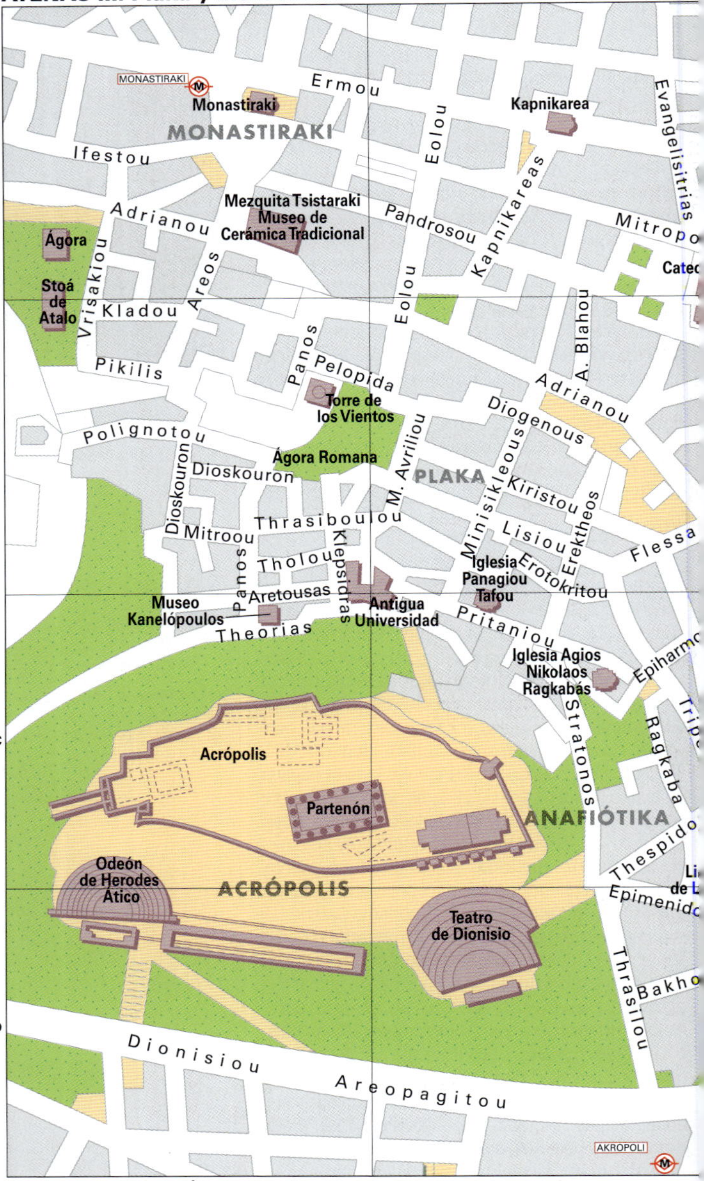

2
A
B
C
D
1
2
MONASTIRAKI
Monastiraki
MONASTIRAKI
Ermou
Eolou
Kapnikarea
Evangelisitrias
Ifestou
Mezquita Tsistaraki
Museo de
Cerámica Tradicional
Pandrosou
Kapnikareas
Mitropo
Adrianou
Ágora
Stoá
de
Atalo
Vrisakiou
Areos
Kladou
Eolou
Catec
A. Blahou
Pikilis
Panos
Pelopida
Torre de
los Vientos
Adrianou
Diogenous
Polignotou
Ágora Romana
M. Avriliou
PLAKA
Dioskouron
Dioskouron
Minisikleous
Kiristou
Erektheos
Thrasiboulou
Mitroou
Lisiou
Flessa
Klepsidras
Tholou
Panos
Iglesia
Panagiou
Tafou
Erotokritou
Aretousas
Museo
Kanelópoulos
Antigua
Universidad
Theorias
Pritaniou
Iglesia Agios
Nikolaos
Ragkabás
Epiharmo
Stratonos
Tripo
Acrópolis
Ragkaba
Partenón
ANAFIÓTIKA
Thespido
Odeón
de Herodes
Ático
ACRÓPOLIS
Li
de L
Epimenido
Teatro
de Dionisio
Thrasilou
Bakho
Dionisiou
Areopagitou
AKROPOLI

Perikleous

K. Servias

Fokionos

V. Georgiou A

Ermou

A

Petraki

Sintagma

Ypatias

Patroou

Pentelis

Voulis

Othonos

SINTAGMA

Apollonos

Nikis

Ipitou

Skoufou

Filelinon

Xenofontos

B

Thoukididou

Navarhou

Nikodimou

Kekropos

Iperidou

Sotiros

Kodrou

Kidathineon

Museo de Arte Popular

Geronta

Monis Asteriou

Tsagkari

Jardín Nacional

Plaza ilomousou Eterias

Dedalou

Leoforos Amalias

C

phroditis

Tholou

Pitakou

Periandrou

Iglesia Agia Katerina

Gkoura

Lisikratous

Frinihou

Eshinou

Leoforos Vas. Olgas

D

Columnas de Zeus Olímpico

3

4

. . . .

✉ Hatzimihali Agelikis 6 (Plaka)
☎ 210 322 9031
🕐 De lunes a domingo de 9 h a 18 h; de abril a noviembre hasta las 20 h.
💶 Entrada gratuita
Ⓜ Síntagma
🌐 www.melp.gr

Iglesia de Santa Sotira
🕐 De 9 h a 19 h
💶 Entrada gratuita

▌ CENTRO DE ARTES POPULARES Y TRADICIONES HELÉNICAS ✱✱

Este centro es una mansión convertida en **museo** por Angeliki Hatzimikali, la coleccionista que da nombre a la calle que fue artista, escritora y amante del arte popular griego. Fue cerrado en 2015, y actualmente ha sido reabierto y ampliado.

Las piezas expuestas forman parte de la Sociedad Folklórica Griega. La colección contiene trajes típicos, utensilios de cocina y rurales, artesanía, pintura, cerámica y tejidos. La casa es en sí misma tan fascinante como su contenido. Frente a la entrada del museo está la **iglesia de Santa Sotira** (Agía Sotira), el templo principal del barrio. Construida a finales del siglo XI y principios del siglo XII. Ha sufrido transformaciones a lo largo de su historia, pero en el recinto se puede ver la fuente que surtía de agua a todo el barrio de Plaka hasta la Guerra de Independencia.

▌ IGLESIA DE AGIA EKATERINI ✱

La iglesia de Santa Catalina, de los siglos XI y XII, se halla en una pequeña hondonada. Es perfecta para escuchar los cánticos de los popes y más si es durante la Pascua, pues permanece abierta durante la noche y tiene una gran procesión de fieles con velas y flores. En la misma hondonada pueden verse restos de una vía de la época de Pericles.

▌ LINTERNA DE LISÍCRATES ✱

Es un monumento que data del 334 a.C. Fue costeado por Lisícrates, ciudadano acaudalado. Es el único de este tipo que se conserva en la ciudad. El monumento originalmente incluía el trípode con el que se agasajaba a los vencedores. En otros tiempos había muchos monumentos similares en la zona, de ahí el nombre de la calle, **Tripodou**.

En el siglo XVIII se construyó ahí un convento de capuchinos cuyas ruinas se ven en la parte norte, que integraba el monumento como biblioteca. En su estancia ateniense, Lord Byron lo utilizó como estudio y escribió allí su largo poema épico *El peregrinaje de Childe Harold*. Precisamente la calle que continúa hacia abajo lleva el nombre del genial poeta inglés, muerto en la independencia griega y muy querido por los atenienses, e igualmente un pequeño hotelito muy recomendable.

Otro lugar en la plaza de Lisícrates para tomar un café *frappé* a la griega o un yogur con nueces y miel es el **café Diogenis**. Como tiene toldos y arbolado es bastante fresco y agradable en verano.

‖ MUSEO KANELLOPOULOS ✱

Al final de la Anafiotika, y pasada la antigua universidad, está el Museo Kanellopoulos, una mansión decimonónica convertida en museo. Contiene la colección que Paul y Alexandra Kanellopoulos donaron al Estado. Bien distribuida en sus diferentes plantas, la colección abarca tanto iconos como vasijas áticas, piezas de orfebrería micénica y magníficas joyas persas de oro y cristal junto a distintas muestras de artesanía minoica, fenicia, egipcia y etrusca. El contenido del museo abarca desde el siglo VII a.C. hasta el siglo XIX. Exhibe también un hermoso **busto de Alejandro** y un gran bloque de piedra de sillería que procede de la Acrópolis.

- III, C1
- Theorias 12 (esquina Panos). Monastiraki
- Monastiraki
- De martes a domingo de 8 h a 15 h
- 210 331 9300
- 3 €
- www.camu.gr

▲ Linterna de Lisícrates.

‖ MUSEO HEBREO
(EBRAIKO MOUSEIO TIS ELLATHOS) ✱✱

En los límites de Plaka está el interesante Museo Hebreo. Su contenido se reparte entre nueve plantas a las que se accede desde un atrio octogonal. En la planta baja está el interior de una sinagoga restaurada de los años veinte, procedente de Patrás. Entre las exposiciones temáticas se incluyen los orígenes bíblicos de la llegada del judaísmo a Grecia, alrededor del siglo II a.C, las costumbres hebreas y sus coloristas vestimentas, además de los siniestros años del Holocausto, durante los que muchas comunidades judías griegas fueron exterminadas, entre ellas las de Kastoria, Creta y Drama.

- Nikis 39 (Plaka)
- Síntagma
- De lunes a viernes de 9 h a 14.30 h; domingos de 10 h
- 210 322 5582 a 14 h
- Adultos: 10 € Reducida: 8 €
- www.jewishmuseum.gr

LO QUE HAY QUE SABER

▌Convivir con los griegos

✓ Es recomendable aprender y usar algunas palabras fáciles en griego como "gracias" *(efkaristó)* y "de nada" *(parakaló)*. Los atenienses lo apreciarán y tratarán al viajero con más calor.

✓ Cuando no se encuentre una dirección o para resolver una duda, se puede preguntar en la calle a cualquier joven en inglés. Lo suelen hablar y tanto los chicos como las chicas son muy amables.

✓ Caminad despacio, sin prisas. El ritmo de la ciudad es lento y hay muchos rincones en los que relajarse.

✓ Explorad las callejuelas altas de Plaka, al borde de la colina de la Acrópolis, en el barrio de Anafiótika. Son realmente bonitas y hay pequeñas iglesias.

✓ Visitad Monastiraki al atardecer. Hay chicos jugando al baloncesto, parejas paseando, los inevitables turistas, terrazas apetecibles y sitios con encanto para cenar.

✓ Debéis atreveros a entrar en una iglesia ortodoxa, con recato y siempre respetando sus costumbres religiosas. Es posible incluso participar en los ritos de Pascua.

✓ Sonreíd pero manteneos firmes cuando os animen a comprar los comerciantes. Aceptad cuando estéis decididos.

✓ No regateéis demasiado. Aunque los griegos aceptan el regateo, no es tan usual como en los países musulmanes.

✓ Se puede probar a bailar el *sirtaki* en alguna taberna. Esta experiencia os hará comprender mejor el espíritu griego, mezcla de melancolía y euforia.

▌Mejores vistas

✓ **Partenón.** Desde la cúspide de la Roca Sagrada, se disfrutan fantásticas vistas del Ágora y la necrópolis del Cerámico al sur, las columnas del Templo de Zeus, al este, y vistas increíbles de la ciudad. Con el día despejado se atisban los montes del Peloponeso.

✓ **Colina de Filopapo.** Excelente vista de la Acrópolis con los Propileos de entrada y el Partenón de frente.

✓ **Licabeto.** La mejor panorámica de la ciudad. Hay catalejos de monedas con los que se puede observar de cerca edificios y divisar alguna isla.

✓ **Monte Pentélico.** La cumbre más alta de la cadena montañosa que rodea Atenas. Se obtiene una vista completa de la gran urbe acostada en el golfo sarónico.

✓ **Cabo Sunion.** El punto más extremo de la península del Ática, desde el que se divisa el Egeo con fantásticas puestas de sol.

▌Circuitos alternativos

✓ **City Walking Tours.** Ofrece diversos circuitos alternativos a pie por zonas de la ciudad como yacimientos arqueológicos, mercados, incluso barrios.

☎ 210 884 7269

🌐 www.athenswalkingtours.gr

🏷 Desde 35 €

✓ **Alternative Athens.** Organiza diversos circuitos e itinerarios interactivos por la vida nocturna ateniense, talleres sobre mitología, tours gastronómicos, cursos de cocina griega y actividades para familias.

✉ Karaiskaki, 28

☎ 211 012 6544

🌐 www.alternativeathens.com

▌Actividades deportivas

✓ **Caminar y correr.** Para caminar a buen paso o correr, incluso si se quiere estar en forma, nada como subir el Licabeto, al Partenón o al monumento de Filopapos.

✓ **Correr en grupo.** Contactad con el *Hash House Harriers Jogging Club* (www.athenshash.com) en Kifissia para salir con otros corredores.

✓ **Maratón.** Si se desea hacer la maratón por el recorrido original, desde Maratón hasta Atenas, se celebra el segundo domingo de noviembre. Más información en *SEGAS*,

Syngrou 137. Telf. 211 187 7725; www.athensauthenticmarathon.gr

✓ **Bici.** Circular en bicicleta por la Atenas moderna, sin carriles especiales, puede ser peligroso. Lo mejor es limitarse a las zonas peatonales de la Acrópolis y Thissio.

✓ **Navegación.** Hay muchos puertos deportivos, clubs de yates y veleros de alquiler en El Pireo, Glyfada, Vouliagmeni y otros pueblos de la costa.

✓ **Natación.** Las mejores playas están en Glyfada, pero tienen demasiado ruido del aeropuerto. Se puede entrar en la piscina de los grandes hoteles, como por ejemplo el Hilton de Kolonaki.

▌ Internet
La mayoría de hoteles ofrece acceso libre a Internet. Además hay puntos públicos con Wi-Fi gratuita, como la zona de Síntagma. También hay cafés y restaurantes que lo ofrecen gratis a sus clientes.

▌ Lugares no turísticos
✓ **Un baño caliente en el lago Vouliagmeni.** A 20 km del centro y ya en zona costera, este lago goza de una temperatura permanente de 24 ºC gracias a las corrientes subterráneas y lo convierten en una buena opción para cuando las aguas del Egeo estén demasiado frías. La alta concentración de minerales lo hacen recomendable para la curación de numerosas patologías. Todo ello muchas veces bien amenizado con actuaciones musicales o teatrales que ofrecen a las orillas.

✓ **Descubrid Metaxourgeio.** Tiene el mismo ambiente rebelde que se respira en Exarchia, pero sin turistas. Lleno de gente joven y con una oferta gastronómica inacabable, este céntrico barrio ofrece múltiples atracciones culturales, como la galería de arte contemporáneo **The Breeder** o el interesante **Museo de Arte Islámico** (www.benaki.gr)

✓ **Una sesión de cine al aire libre.** Con su privilegiado clima, Atenas ofrece la posibilidad de disfrutar de largas sesiones de cine en patios al aire libre, la mayoría de los cuales gozan de vistas espectaculares. Una tradición que data de los años 60. En la ciudad hay más de un centenar de locales.

✓ **Recordando los Juegos Olímpicos de 2004.** Para entonces, el arquitecto valenciano Santiago Calatrava realizó una estupenda renovación del Complejo Olímpico Deportivo de Atenas (OAKA), un ambicioso proyecto que se materializó en numerosos equipamientos deportivos de indudable belleza. Actualmente, la mayoría de esas construcciones están abandonadas, lo que nos permite pasear por auténticas zonas fantasma.

✓ **Disfrutad del mar en Kastella.** En El Pireo, cerca del puerto de Mikrolimano, se localiza un barrio lleno de empinadas calles y edificios neoclásicos, Kastella. Imprescindible pararse en una de las numerosas tabernas de pescadores y disfrutar de la brisa marina sin hordas de turistas.

| Licabeto

Saliendo de Plaka por el sudeste a través de la calle Lisikratous y, al otro lado de la avenida Leoforos Amalías, se encuentra el terreno despejado donde se alzan las columnas que quedan de lo que fue el gran templo de Zeus Olímpico. Una vez dentro del recinto, a través del Arco de Adriano, se levanta el Estadio Olímpico.

| ARCO DE ADRIANO (PYLI ADRIANOU) ★★

Se trata de un arco romano del siglo II d.C., sin alardes y armonioso, que mandó levantar el gran emperador de la dinastía Antonina para marcar el límite entre la antigua ciudad griega y la nueva romana. Queriendo respetar las antiguas raíces helénicas, Adriano hizo grabar en el friso una inscripción por ambos lados: la que mira a la Acrópolis dice "Esta es Atenas, la antigua ciudad de Teseo", mientras que la otra proclama "Esta es la ciudad de Adriano y no la de Teseo". El arco de mármol fue erigido en conmemoración del final de las obras del Templo de Zeus Olímpico y la nueva organización urbana imperial.

| ESTADIO PANATENAICO (STADIO) (►38) ★★

- ◷ II, D3
- ✉ Vasileos Konstantinou Barrio de Mets
- ☎ 210 752 2984
- ◷ De 8 h a 19 h excepto festivos
- 🎟 10 €, menores de 6 años gratis
- 🌐 www.panathenaicstadium.gr

◄ Vista del monte Licabeto con el barrio de Kolonaki extendido a sus pies.

▼ Estadio Panatenaico.

Distancia
3-4 km en total.

Duración
Una jornada completa dividida entre mañana y tarde con varios descansos.

Punto de partida
Plaza Síntagma.

Punto de llegada
Plaka y Anafiotika.

De Síntagma a Licabeto y Plaka

▌ Es muy agradable desayunar en una de las terrazas de la plaza Síntagma antes de acercarse al **Parlamento** para ver el curioso **cambio de guardia.** El antiguo **Palacio Real** preside toda la zona y a su lado están los **Jardines Nacionales,** en los que se puede pasear y descansar antes o después del trayecto.

Si se opta por recorrer el barrio de las embajadas hay que subir desde la plaza Síntagma por la avenida Leóforos Vasilissis Sofías, a la izquierda del Parlamento.

▌ En el quinto cruce a la izquierda, haciendo esquina con Koumbari, está la mansión del **Museo Benaki** (▶74), que bien merece una visita. Se puede almorzar en la terraza que da a los Jardines Nacionales.

Después del Museo Benaki, hay que seguir por la misma Koumbari hasta llegar a la **plaza Kolonaki**. Es un lugar ideal para descansar, tomar algo en una de sus terrazas o ver los escaparates de sus tiendas y adquirir algo de capricho.

▌ Para alcanzar la colina Licabeto hay que cuzar la plaza y salir por la derecha, a través de la calle Patriarchou Ioakim. En el tercer cruce a la izquierda, torcer por **Plutarchou**. Esta calle desemboca en la **colina Licabeto**.

▼ Entrada del Museo Benaki.

▌ La subida en el funicular es agradable y divertida si se va con niños. La salida está en la cima de la colina, la más alta de Atenas. Aquí se puede disfrutar de la vista de la Acrópolis y las ruinas del Olimpeion. En un día claro se ve el **puerto de El Pireo** y la **isla Aegina.**

Se puede bajar dando un paseo y tomar el sendero que atraviesa el bosquecillo de la ladera. A la izquierda hay un **anfiteatro** en el que hay representaciones durante el Festival de Verano.

▌ A 100 m más abajo de la estación del funicular se llega a **Aristippou.** Siguiendo recto, hasta **Loukianou,** y bajando por Kolonaki y por Leóforos Vasilissis Sofías se sale casi enfrente de la entrada al **Museo Bizantino.**

Para el resto de la tarde lo ideal es acercarse hasta el Estadio olímpico antiguo, un impresionante diseño original y larguísimas gradas blancas. Desde allí, en dirección oeste, tenéis la explanada verde donde se alzan las columnas del Templo de Zeus y, poco más allá, el Arco de Adriano, muy bien conservado.

▌ Ahora es el momento de cruzar por la avenida Amelías hasta la entrada de Plaka y terminar la noche en un restaurante de comida griega tradicional.

No hay que dejar de explorar **Anafiotika**, el barrio de casitas isleñas de la ladera, con su encanto tan especial.

▲ Ceremonia del cambio de guardia frente al Parlamento.

· · · · · · · · ·

- ⊕ II, C3
- ✉ Leóforos Vasilissis Amalia
- ⊙ Desde las 7 h hasta el anochecer
- 🎫 Entrada gratuita

▼ Jardines Nacionales.

▌ Una pausa en los Jardines Nacionales

Hay varias cafeterías en las que sentarse a tomar un delicioso *frappé* y hacer una pausa: *Egli Zappaion* o *Aegli frappéGarden,* cerca de la avenida Amalías. En el parque hay también un museo botánico y un zoo. En sus veredas jalonadas de árboles se respira la paz de este oasis.

▌ JARDINES NACIONALES (ETNIKÓS KIPOS) ✱✱

Son el verdadero pulmón urbano que junto con la colina del Licabeto y las zonas verdes adyacentes, da un respiro a la contaminación del tráfico. Si se entra por la esquina del Stadio, hay una zona arbolada a la derecha donde está el **Palacio Presidencial,** antigua mansión particular de la dinastía reinante. Cuando la familia del rey Pablo tuvo que abandonar el palacio real, en el que actualmente está el Parlamento, se trasladó a este palacete de la calle Irodou Atikou, avenida principal que cruza el parque en perpendicular. Aquí vivió la reina Sofía de España con sus padres y hermanos hasta 1967, cuando marcharon al exilio.

La zona verde entre el Parlamento y el Templo de Zeus la ocupan estos jardines que representan un oasis de paz en medio de la ciudad. Creados en 1838 según el modelo romántico de parque urbano por la reina Amalia, esposa de Otón I, también se conocen como Jardines Reales. El parque ocupa 16.000 m² de arbolado y contiene más de 500 tipos de especies vegetales de todo el mundo, fuentes y estanques. Sus atracciones más peculiares son el pequeño museo botánico, las decenas de gatos callejeros que lo habitan y un zoo bastante desangelado. En el borde sureste está el **Zappeion,** construido a finales del siglo XIX por dos ricos grecorromanos como palacio de exposiciones, hoy centro de congresos y lugar preferido para recepción de autoridades extranjeras y ruedas de prensa. En la esquina suroeste, frente al Arco de Adriano, está el **monumento a Lord Byron.**

I KOLONAKI ✶✶

Saliendo de los Jardines Nacionales por Odós Iro-dou Atikou y cruzando la avenida Leóforos Vasilisis Sofias, entramos en la zona de Kolonaki, el barrio elegante de Atenas, donde se encuentran muchas embajadas, viviendas de lujo, anticuarios y otros comercios exclusivos. En las cafeterías pueden verse ejecutivos y diplomáticos mezclados con la flor y nata de la sociedad ateniense. En esta zona hay museos interesantes como el **Museo Cicládico** (▶76), el **Benaki** (▶76) o el **Bizantino** (▶76) y nume-rosas muestras de arquitectura neoclásica como los **palacetes del Ministerio de Asuntos Exteriores,** los de las embajadas de Francia e Italia y otros edi-

Autobuses urbanos 200, 022 y 060, paradas en Vasilisis de las líneas 203, 204, 220, 221, 408, 419

Trolei 3, 7, 8 y 13, línea turística 400

Salidas Megaros Mousikis y Evangelismos

▼ Terraza en la plaza Kolonaki.

ficios modernistas. El corazón del barrio es la **plaza Filikís Eteriás,** pero todos la llaman Kolonaki por la pequeña columna que está en la esquina suroeste.

I ESCUELA AMERICANA DE ESTUDIOS CLÁSICOS (GENADIOS BIBLIOTIKI) ✶

A esta escuela se deben gran parte de las exca-vaciones y hallazgos arqueológicos del Ágora y el Cerámico. Fundada por John Gennadios en 1926, su **biblioteca** contiene más de 24.000 volúmenes de temas griegos y de arqueología, aunque el mayor interés es la colección de objetos pertenecientes a Lord Byron y la pintura de Edward Lear. Las perte-nencias de Byron, como su reloj y algunos papeles, están expuestas en una pequeña urna al final del corredor de la izquierda. Parte de la obra de Lear se exhibe en la galería, subiendo por las escaleras de la entrada.

Souidias 61

210 721 0536

Lunes, martes, miércoles y viernes de 9 h a 17 h, jueves de 9 h a 20 h y sábados de 9 h a 14 h.

www.ascsa.edu.gr/ research/gennadius-library

Distancia
2 km en total.

Duración
Una jornada completa dividida entre mañana y tarde con varios descansos.

Punto de partida
Estación de metro de Panepistimiou.

Punto de llegada
Monastiraki o Exarchia.

▼ Algunos de los tesoros expuestos en el Arqueológico, ánfora de figuras rojas y esfinge de Napata.

Omonia
y alrededores

❚ La **estación de Panepistimiou** se llama así por la calle, aunque oficialmente su nombre sea Eleftheriou Venizelou. Se trata de una de las avenidas construidas en la época de la independencia, cuando se aplicaron los criterios urbanísticos de las grandes capitales europeas a la nueva Atenas.

Muy cerca de la estación está la impresionante fachada de la **Academia,** construida según los cánones clásicos, con las columnas en las que hacen guardia Apolo y Minerva y las estatuas de Sócrates, Platón y Aristóteles.

❚ En una bocacalle a la derecha de la estación de metro, Riga Fereou, están la **Universidad** y la **Biblioteca Nacional** (▶51), dos de los edificios de los hermanos daneses cuya escuela de arquitectura neoclásica llenó toda esta zona de Atenas de elegantes mansiones.

Desde allí se vuelve a cruzar la avenida. Enfrente de la estación de metro se toma la bocacalle Korai para llegar a la **calle Stadiou,** paralela a Panepistimiou y tan bulliciosa como ella. En la **plaza Klathmonos,** que se abre al otro lado de la avenida, hay una iglesia bizantina del siglo XI, Agii Theodori, que está rodeada de cafeterías y terrazas.

❚ En dirección sudeste, hacia Síntagma, está el **Museo de la Ciudad de Atenas,** un pequeño palacete en el que vivieron el rey Otón y la reina Amalía y que conserva objetos de la real pareja junto a grabados que muestran la armonía de este barrio antes de la especulación y el crecimiento descontrolado.

Más adelante, en la **plaza Kolokotroni,** se puede visitar el **Museo Histórico Nacional,** en el que se documenta la historia del país desde la caída de Constantinopla hasta la Segunda Guerra Mundial. La estatua ecuestre de la entrada representa a Kolokotroni, héroe de la guerra de independencia contra los otomanos.

❚ Hay que aprovechar alguno de los muchos locales de la zona para comer musaca o cualquiera de las sabrosas especialidades de cocina tradicional, con

◄ Fachada neoclásica de la Academia.

una ensalada típica griega, *mezedes* y yogur con pasas de postre. Así, descansados, continuaremos el itinerario que nos llevará por la zona más comercial de Atenas.

Tomando la **calle Voulis,** que arranca frente al **Museo Histórico Nacional,** se sale a Ermou, la avenida del comercio por excelencia. Aquí se pueden encontrar buenos precios en ropa, calzado o cuero y bisutería fina.

▌ Torciendo por la tercera o la cuarta bocacalle a la izquierda se alcanza la **plaza Mitropoleos,** donde se ubican las dos catedrales, la grande que es la moderna y la más antigua, que es mucho más bonita.

Si aún hay tiempo y ganas de museos, esta es la mejor zona. Aquí se concentran el **Museo de Instrumentos Populares,** el **Hebreo,** el **Museo Infantil,** el de **Arte Popular** y el de **Cerámica Tradicional.**

▌ Desde aquí lo más aconsejable es llegar hasta **Monastiraki** (►34), para cenar junto a las ruinas de la **Biblioteca de Adriano,** a la luz de las velas y con música tradicional de fondo.

Otra opción es ir al **Museo Arqueológico Nacional** (►32), al norte de la plaza Omonia y luego descansar en algún local de *rembetika* de Exarchia.

▼ Estatuas de Platón y Atenea.

❚ LICABETO (LIKAVITÓS) (▶36) ✦✦✦

❚ MUSEO BENAKI ✦✦✦

En la pequeña calle Koumbari se alza esta elegante mansión neoclásica que alberga una colección de piezas griegas y egipcias. Pertenecieron a Antoine Emmanuel Benaki (1873-1954), un rico comerciante de algodón de origen greco-alejandrino que durante 35 años reunió una espléndida selección de antigüedades que más tarde legó al Estado, junto con su casa, para que la pudiera visitar el público. Incluye pintura (una de El Greco), joyas de Micenas, cerámica, iconos, ajuares nupciales, trajes tradicionales y objetos decorativos. Una de las peculiaridades de la colección son sus 15.000 juguetes antiguos, procedentes de todo el mundo. El escritorio de Lord Byron es uno de los muchos objetos de la sección dedicada a la Guerra de Independencia.

La colección de Egipto, donde Benaki amasó su fortuna, es igualmente fascinante. Las joyas y tejidos coptos tempranos dan una idea del talento artístico de esta comunidad, origen del cristianismo "gentil". Destaca un hermoso y delicado retrato de un hombre pintado sobre lino del siglo III d.C. Otra de las grandes atracciones del museo es la sala de recepciones de un palacio egipcio del siglo XVII.

Dispone de una agradable cafetería frecuentada por locales por la excelente relación calidad-precio.

❚ MUSEO BIZANTINO Y CRISTIANO ✦✦

Cruzando la calle principal, en el número 22 de Vasilissi Sofías, encontramos el remodelado Museo Bizantino y Cristiano. Ubicado en una deliciosa villa neorrenacentista de 1848, con un patio central de naranjos, era la residencia de la duquesa de Plaisance, francesa que había estado casada con un general de Napoleón. Alberga una colección apasionante de iconos, que abarca más de 1.500 años de arte bizantino. También se exhiben biblias, estatuas, bordados y mosaicos.

En un extremo del recinto se halla la reconstrucción de una basílica bizantina temprana y una recreación completa de una iglesia. El jardín es un lugar estupendo para tomarse un descanso.

❚ MUSEO DE ARTE CICLÁDICO ✦✦✦

Esta magnífica mansión neoclásica alberga la fabulosa colección donada al Estado por el rico armador Nikolas Goulandris y su mujer Dolly, llamado localmente **Mouseio Kykladikis kai Archaias Ellinikis Teknis**. La exposición abarca arte griego desde la

- - - - - - - - - -

- ⏱ II, C3
- ✉ Koumbari 1 (equina Vasilissis Sofías)
- 🚇 Síntagma, Evangelismos
- ☎ 210 367 1000
- ⏱ Miér y vier, de 10 h a 18 h; jueves y sáb, de 10 h a 24 h; domingos, de 10 h a 16 h. Lun y mar cerrado
- 💶 12 €.
- 🌐 www.benaki.org

- - - - - - - - - -

- ⏱ II, C4
- ✉ Leoforos Vasilissis Sofías 22
- ☎ 213 213 9517
- ⏱ De miércoles a lunes, de 8 h a 20 h. Martes de 13 h a 20 h
- 💶 8 €
- 🚇 Evangelismos
- 🌐 www.byzantinemuseum.gr

Edad de Bronce, ánforas principalmente, pero lo más interesante y famoso son los hermosos hallazgos de la civilación de las Cícladas.

Las islas Cícladas (Kiklades) se llaman así porque el archipiélago parece formar un círculo (kiklos) en el Egeo. En ellas se desarrolló una civilización posneolítica entre los años 3200 a 2000 a.C. Son memorables las figuras y caras femeninas realizadas en mármol, caracterizadas por su simplicidad y cuya ejecución estilizada las acerca notablemente al arte abstracto moderno. Se pueden ver reproducidas en numerosos carteles turísticos griegos por el valor excepcional de esta civilización temprana y su estética futurista. La colección de arte cicládico está en la primera planta. En la segunda se exponen piezas de arte minoico y micénico del segundo milenio a.C., junto a bronces de los periodos clásico y helenístico. Destacan las joyas de oro y bronce de la isla

- II, C4
- Neofytou Douka 4 esquina con Leoforos Vasilissis Sofias (Kolonaki)
- Evangelismos
- Abre lunes, miér, vier y sáb de 10 a 17 h. Los jue de 10 a 20 h y los dom de 11 a 17 h.
- 12 €
- www.cycladic.gr

▼ Interior del Museo Benaki.

▲ Entrada al Museo
de Arte Cicládico.

de Skiros. Dispone de una buena y recomendable terraza interior para comer y una moderna tienda de recuerdos.

En la esquina de Irodotou y Vasilissis Sofias tiene un ala añadida en 1992, el **palacete Stathatou,** unido al edificio principal por un pasadizo de cristal. Fue vivienda del conocido arquitecto alemán Ernst Ziller. Entre mobiliario de época y pinturas que pertenecieron a Ziller, alberga la Colección de Arte Antiguo Griego de la Academia de Atenas, junto a exposiciones temporales.

El edificio que se ve en la esquina con la calle Loukianou fue la residencia del presidente Eleftherios Venizelos y en la actualidad pertenece a la **Embajada de Gran Bretaña** que lo utiliza como residencia de su embajador.

● ● ● ● ● ● ● ● ● ●

 Rizari 2
☎ 210 725 2974
Ⓜ Evangelismos
🕐 De lun a dom de
   9 h a 19 h
🌐 www.warmuseum.gr
🎟 6 €

❙ MUSEO DE LA GUERRA (POLEMIKÓ MUSÍO) ✻
Al lado del Bizantino se encuentra este curioso museo militar, junto a unas ruinas de lo que se cree que fue la Escuela Peripatética de Aristóteles. Expone una colección de objetos y artefactos bélicos desde la Edad de Piedra e ilustra distintos momentos de la historia griega, como las réplicas de los frescos del Templo de Vassai en el Peloponeso, uno de los templos helénicos que mejor muestra batallas antiguas.

El museo abarca conflictos que se remontan a la mitología griega, las guerras de Troya y las historias de Homero. Cuenta también con maquetas de ciudades fortificadas, como Náfplio y Mystras, junto a escenas de grandes batallas. Hay una sección dedicada a la Segunda Guerra Mundial en la que se ilustra la *Batalla de Creta* y el sufrimiento de la población de Atenas. Igualmente alberga una completa colección de armas y uniformes.

En la esquina con la calle Gennadiou hay dos edificios art déco del periodo de entreguerras. En el número 46 está el **Hotel Hilton** y detrás, la **Pinacoteca Nacional**. Se llega al Parque de la Libertad, junto al Palacio de la Música y la Embajada de Estados Unidos.

**| PRIMER CEMENTERIO DE ATENAS
(PROTOI NEKROTAFIO ATHINON)** ★★

El cementerio principal, **Protoi Nekrotafio,** es el más antiguo después del Cerámico y ahí están enterrados importantes personajes. Tiene magníficas esculturas de los dos últimos siglos, como la famosa *Kimormeni,* que representa a una mujer dormida, realizada en 1878 por el gran escultor Halepás, o el conmovedor conjunto de un anciano y su mujer rodeándolo con sus brazos.

Uno de los **mausoleos** más interesantes es el del arqueólogo prusiano **Heinrich Schliemann,** estudioso de Homero y descubridor de Troya. Fue diseñado por su amigo el arquitecto Ernst Ziller, autor del Palacio Presidencial, el Estadio Olímpico y la propia casa de Schliemann. También se puede ver la **tumba de Theodoros Kolokotronis**, héroe de la Guerra de Independencia.

**| TEMPLO DE ZEUS OLÍMPICO (OLIMPION)
(▶30)** ★★

| Baños romanos

Unas obras del metro a comienzos de la década de 2000 pusieron al descubierto un gran complejo de baños romanos, cerca de la plaza Sintagma, que llegan hasta los Jardines Nacionales. Fueron destruidos tras las invasiones y saqueos de los hérulos en el siglo III d.C. Fueron reformados de nuevo dos siglos después hasta que el tiempo acabó sepultándolos. Ahora pueden verse expuestos bajo una cubierta protectora, en el horario clásico de las ruinas griegas, de sol a sol.

● ● ● ● ● ● ● ● ● ● ◀

🕐 II, D2
🕑 De 8 h a 15 h, última
    entrada: 14.30 h
💶 6 €
🌐 ww.odysseus.culture.gr

▼ Templo de Zeus Olímpico.

Excursiones desde Atenas

La Gran Atenas ocupa una extensión de 250 km², al sur de la península del Ática. Su fisonomía de casas bajas y blancas se acuesta en un gran hemiciclo entre el mar y la cadena de montes entre los que destaca el famoso monte Pentélico, inmensa cantera de mármol de la que salió tanto arte inmortal. En ese regazo de clima suave y bien protegido, frente a las aguas del golfo Sarónico, dice la leyenda que se disputó entre Poseidón y Atenea la primacía de la que iba a ser la ciudad emblema del Ática.

❚ Excursiones

Si la estancia en Atenas es de pocos días, lo mejor es concentrarse en la ciudad, pues ofrece suficientes lugares de interés. Pero si el viaje se alarga una semana o más, conviene incluir alguna excursión a los alrededores y, al menos, una visita a las islas. No hace falta alquilar un coche para las excursiones que están cerca de la capital, pero para visitar el Peloponeso sí es conveniente hacerlo.

Resulta muy sencillo coger un autobús y pasar una tarde inolvidable en **cabo Sunion,** disfrutando de las fabulosas vistas sobre el mar Egeo y las luces del atardecer sobre las columnas del templo de Poseidón. Hay que tener en cuenta que **El Pireo** y **Kifisia** son accesibles en metro; en el puerto hay buenos restaurantes de pescado y un ambiente muy especial en el barrio de Kifisia. Si se dispone de tiempo, conviene dedicar un día completo a **Delfos,** el célebre sitio del oráculo con espléndidas ruinas del templo de Apolo, sitios pintorescos y restaurantes baratos. Otros dos emplazamientos míticos son **Maratón,** lugar de la batalla y de la famosa marcha ininterrumpida del héroe, y Eleusis, el santuario de culto por excelencia.

Es aconsejable cruzar el canal de Corinto para ver las **ruinas de la Arcadia,** en el Peloponeso. Otras visitas agradables son sin duda **Micenas,** origen de la primitiva cultura helénica; **Epidauro,** con su fabuloso teatro; y la preciosa ciudad de **Nafplio,** antigua capital de la nación, o visitar **Esparta.** En cuanto a las islas, las más cercanas son **Egina,** a 40 minutos en el *Flying Dolphin,* y la encantadora **Hidra.**

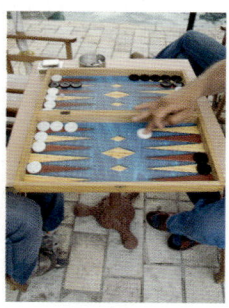

▲ Jugando al backgammon, entretenimiento muy popular.

◀ Fortaleza de Palamidi, en Nafplio.

▼ Puerto de Hidra.

▲ Capilla al pie de la carretera, en la Costa del Ática.

▌Templo de Poseidón

Según la leyenda, en Eleusis fue donde se arrojó al mar el rey Egeo, quien esperaba ansioso la vuelta de su hijo Teseo, el cual venía de vencer al Minotauro. El monstruo, encerrado en el Laberinto de Creta, exigía el sacrificio anual de una docena de mancebos y doncellas atenienses. El monarca advirtió a su hijo que si regresaba victorioso, cambiara las velas negras de su embarcación por otras blancas, pero se le olvidó hacerlo. El desdichado monarca, al divisar las velas negras creyó que su hijo había muerto y se arrojó al mar.

▌Alrededores de Atenas

En los alrededores de la ciudad, hay lugares espléndidos y bien comunicados en transporte público, en caso de no tener vehículo. El Pireo es accesible en tren y en metro y puede ser un destino de media jornada para ir a comer pescado y marisco de las islas, darse una vuelta por el largo paseo marítimo o perderse entre el bullicio de sus tres puertos. El puerto de Rafina, a 40 minutos de autobús, es el punto de salida de muchos ferris y bastante tranquilo. Es una opción para escapar del bullicio de la ciudad e ir a degustar pescado en su pequeño puerto pesquero. Aunque lo más recomendable es ir al cabo Sunion.

▌CABO SUNION ★★★

La mejor manera de ir para disfrutar del paisaje es en coche. Existen dos itinerarios: por un lado está el camino *paraliakó* por la Costa de Apolo, y por otro, el *mesoyiakó*, por el interior, atravesando la zona de Mesoyia. Una buena idea es ir por la costa y regresar por el interior.

Cerca del cabo, aparece en la distancia el **Templo de Poseidón,** cuyas magníficas ruinas blancas se alzan aún desafiantes y orgullosas en el mismo borde del cabo, a 60 m por encima del mar.

El templo fue levantado en el 444 a.C. sobre los cimientos de construcciones anteriores arrasadas por los persas. De las 34 columnas dóricas originales, 15 se mantienen en pie. Las vistas desde el promontorio son sensacionales. Al este se ve la pequeña **isla de Makrónisos** junto a otras tres de las Cícladas; al oeste, Egina y la costa de la Argólida con las montañas del Peloponeso al fondo. El templo era lo primero que divisaban los navegantes al acercarse a Atenas y saludaba el regreso a la patria. En el promontorio se pueden distinguir las ruinas de dos altares, santuarios, pórticos y un propileo, además de alguna fortificación militar de la época clásica y las ruinas del templo de Atenea, a unos 500 m al noreste del de Poseidón.

El cabo está muy bien comunicado con el centro de Atenas por autobús. La hora mejor para visitarla es el atardecer para contemplar la puesta de sol, que es cuando cierran el recinto. Incluso con nubes, la vista de la silueta del templo recortada contra un cielo encendido sobre el Egeo es insuperable.

Templo de Poseidón

🗺 75 km

🚌 Buses desde Mavromateon/ Av Alexandras a las 7.05 h, 8.05 h, 10.05 h, 11.30 h, 13.05 h, 14.05 h, 15.30 h y 17 h y desde Sunion hasta Atenas a las 8 h, 10 h, 11 h, 13 h, 14 h, 16 h, 17 h, 18.30 h y 20 Eleftheria

💺 10 €

◄ Una visita imprescindible que debe hacerse al atardecer: el Templo de Poseidón en cabo Sunion.

- E94, km 22
- De 8.30 h a 14.30 h
- Los autobuses A16 y B16 salen de Platía Koumoundourou, calle Pireos
  Autobuses interurbanos 853 y 862 desde Plaza Eleftheria
- Tren a Corinto desde Atenas

Moní Dafníou
- 210 581 1558
- De miércoles a domingo de 8:30 h a 15:30 h
- Hay varios autobuses que parten desde la estación de metro de Agia Marina.
- Gratuito

▲ Fragmentos del santuario de Démeter, en Eleusis.

I ELEUSIS (ELEFSINA) ✳

Situada a 22 km al noreste de Atenas, hoy es un pequeño núcleo urbano, pero en la Antigüedad era el punto al que llegaba la Vía Sacra (Iera Odós) por donde discurría la solemne procesión de las Panateicas que unía el Partenón con los **santuarios de Deméter y Perséfone** en Eleusis. Hoy, desgraciadamente, es una autopista que discurre entre industrias, astilleros y refinerías de petróleo. Al entrar en el recinto se ven a la izquierda los restos de los altares y **templos de Artemisa Propilea y Poseidón.** A su derecha estaba la *eshara,* el ara sacrificial donde se inmolaba a los animales en honor de las diosas.

Existen también restos del *kalihorón,* el pozo sagrado en el que, según Homero, bebió Deméter y en torno al cual bailaban las sacerdotisas, los *Grandes Propileos* que mandó levantar Adriano a imitación de los de la Acrópolis como entrada al recinto sagrado, los *Pequeños Propileos,* también romanos, parte de la cloaca y ruinas de la muralla del siglo VI a.C. Fue el lugar religioso por excelencia de la civilización helénica y duró cerca de mil años hasta su cierre a comienzos del imperio bizantino.

Cerca se halla el **monasterio de Dafni** (Moní Dafníou), una pequeña basílica bizantina que contiene preciosos mosaicos. Está declarado Patrimonio de la Humanidad. El terremoto de 1999 le causó graves daños y está en proceso de restauración.

▌ El Peloponeso

El Peloponeso es como un país propio en el que todo respira historia y mito. Fue cuna de las civilizaciones micénica y espartana.

▌ CORINTO (KÓRINTHOS)   ******

Cuando se llega a la gran península del Peloponeso, lo primero que encontramos es el famoso **Canal**, una auténtica hazaña de la tecnología humana. Merece la pena visitarlo por su extraña belleza y porque resulta admirable este logro extraordinario de la ingeniería del siglo XX. Excavado en la roca, tiene una longitud de 6,5 km, 8 m de calado y tan solo 21 m de ancho, lo que hace que muchos barcos pasen casi rozando sus paredes, impidiendo así el tránsito de cargueros.

Lo más interesante son las **ruinas de Acrocorinto**, la ciudadela alta que domina la ciudad sobre una colina. Acrocorinto fue también una hazaña de la ingeniería de su tiempo. Construida en lo alto de un cerro que domina la llanura y el golfo, estaba defendida por 2 km de muralla, de los que quedan aún tramos. Dentro pueden verse ruinas de otras fortificaciones, casas, mezquitas e iglesias. Las vistas desde las murallas son extraordinarias.

A los pies se extiende la antigua capital de la Grecia romana que, en sus tiempos de esplendor, tuvo una población de más de 300.000 ciudadanos y hasta 460.000 esclavos.

Los restos arqueológicos de más valor son los del templo de Apolo, del siglo VI a.C., uno de los más antiguos de Grecia. Con las piezas que se exponen en el **Museo Arqueológico** es fácil comprender cómo era la ciudad en el pasado.

▲ Micenas. Puerta de los Leones.

▌ Historia del canal

El primer gobernante que proyectó construir un canal a través del istmo de Corinto fue el emperador Nerón en el año 71 d.C. Se dice que él mismo comenzó a cavar con una pala de oro, dejando el trabajo de proseguirlo a 6.000 prisioneros judíos. Tras 12 años de obras, el proyecto quedó interrumpido. Una empresa francesa lo terminó en 1893.

▼ Canal de Corinto.

Distancia
350 km.

Duración
2 o 3 días.

Camino del Peloponeso

❚ La zona que va del oeste de Atenas, y el occidente del Ática es donde se concentra el mayor número de lugares de interés, para comprender la esencia de la cultura clásica griega.

Camino al estrecho de Corinto se llega a las **ruinas de Eleusis,** para entrar luego en el Peloponeso hasta el Teatro de Epidauro y los restos de Micenas.

❚ El **monasterio de Dafni** (Moní Dafníou) (▶86) está a unos 10 km. Es una joya Patrimonio de la Humanidad. Muy cerca, a unos 500 m, está el jardín botánico de Atenas, que también es muy interesante. Continuamos por la autovía hacia **Corinto**.

Cuando se dejan atrás los barrios industriales, aparece un bonito paisaje costero desde el que se divisa la **isla de Salamina.**

❚ Al llegar a Corinto se cruza el puente que atraviesa el famoso canal. Lo mejor es detenerse en alguno de los cafés junto al puente y cruzarlo a pie para admirar el increíble paso abierto en la roca, por donde pasan los buques casi rozándolo.

Siguiendo por la autovía E65 en dirección a **Trípolis,** nos desviamos a 8 km después del canal, en la salida a Argos. Se llega a una carretera que pasa junto al yacimiento de Micenas.

❚ Después de Argos se alcanza **Nafplio** (▶90). Lo ideal es continuar hasta la cercana Epidauro y ver el admirable teatro al atardecer, para regresar finalmente a Corinto y de allí a Atenas.

Napflio será una de las paradas más agradables antes de atisbar al oeste Epidauro. En la antigua capital se puede aprovechar para dar un paseo, hacer alguna compra o tomar algo.

❚ Napflio puede ser un buen lugar para pernoctar, o también Argos, desde donde se puede ir al día siguiente a Tripolis para coger la E-961 que llevará a Esparta y las ruinas de Mistrás.

Si hay tiempo se recomienda ver otro yacimiento arqueológico localizado entre Micenas y Epidauro, llamado **Tirinto** (Tiryns).

▼ Vista panorámica desde el campanario de la fortaleza de Palamidi en Nafplion.

I MICENAS (MYKÍNES) ★★★

Al este de la carretera que une Corinto y Argos. Constituye uno de los conjuntos arqueológicos más valorados de la civilización helena porque es el legado más rico de la cultura arcaica. Fue el célebre arqueólogo Heinrich Schliemann quien lo sacó a la luz y dijo la famosa frase "he contemplado el rostro de Agamenón" al desenterrar una **máscara de oro** en el yacimiento, que atribuyó al rey que encabezó la expedición de los aqueos contra Troya. Este y otros fabulosos tesoros hallados en el palacio y la necrópolis regia se exponen en el **Museo Nacional de Arqueología de Atenas.** La mayoría de los visitantes se emocionan al contemplar por primera vez la célebre **Puerta de los Leones** (1250 a.C. aproximadamente), una imagen de Grecia casi tan familiar como el Partenón. Pasada la puerta, a la derecha, está el **Cementerio Real** donde se descubrieron los tesoros.

Muy cerca se halla el **Tesoro de Atreo,** una tumba real que impresiona por su grandiosa sencillez y que perteneció a uno de los reyes micénicos que más tarde emigró a Atenas, construyó en la Acrópolis su palacio e hizo de aquella ciudad la capital de una nueva civilización.

▲ Máscara del rey Agamemnón, encontrada en Micenas.

▼ Anfiteatro de Epidauro.

I EPIDAURO (EPÍDAVROS) ★★★

Por su emplazamiento, el célebre **anfiteatro** es sin duda el más bello de Grecia, pero además era ya famoso en la Antigüedad por su acústica y hoy por su excelente estado de conservación. La grada más alta del escenario mide 55 m y su aforo es para 14.000 personas. En él se celebra un **festival** anual de teatro muy apreciado durante julio y agosto.

✉ Entre los pueblos de Nea y Palía Epídavros. A 30 km al este de Nafplio
🕐 De 8 a 20 h (a 17 h en invierno)
🎫 12 € (incluye todo el sitio arqueológico, el museo y el santuario)

▲ Fortaleza de Nafplio.

Construido a finales del siglo IV a.C. por Policleto el Joven, sus restos no fueron descubiertos hasta que una excavación arqueológica los sacó a la luz en 1954. El lugar estaba consagrado a Asklepios (Esculapio), el dios de la medicina, hijo de Apolo, que según la leyenda nació aquí y a quien estaba dedicado un santuario.

Aunque apenas queda nada, el **museo** cuenta con unos curiosos instrumentos médicos que demuestran la práctica de la cirugía. El recinto posee una casa de huéspedes, baños, gimnasio y edificios religiosos, aunque muchos están ocultos por la maleza. El museo contiene una buena colección de estatuas, entre ellas, varias de Esculapio, y una reconstrucción parcial del *tholos* o glorieta. Además del **santuario**, existen los restos de un estadio del siglo V a.C., donde aún pueden apreciarse las líneas de salida y meta, y una casa romana con mosaicos.

❙ NAFPLIO ✱✱

Esta hermosa y recogida ciudad fue la primera capital de la Grecia independiente que siguió a las guerras napoleónicas y por la que luchó Lord Byron. Aunque en la actualidad le aventaja Patrás, que es la tercera del país y la más grande del Peloponeso, para muchos griegos es la más bonita del país.

La verdad es que tiene mucho encanto y no está estropeada. Tampoco se llena de turistas aunque sí se acercan muchos atenienses durante el verano por su situación costera y la tranquilidad que se respira respecto al puerto de Patrás. A medida que se va llegando a la ciudad por carretera, aparece la población apiñada en la base de un promontorio dominado por dos fortificaciones. La historia de la ciudad se reúne en tres **museos**: arqueológico, de guerra y folclórico. Este último exhibe una colección realmente singular con piezas fascinantes.

Las evocadoras calles de esta ciudad están llenas de balcones que en primavera y verano se cubren de buganvillas, emparrados y flores. Desde el **puerto**, siempre con ajetreo y barcos que zarpan y vuelven, se divisan las montañas del Peloponeso.

La **Plaza Mayor,** peatonal y despejada, es un lugar ideal para sentarse en una terraza a tomar algo fresco. Nafplio es una ciudad pequeña pero cosmopolita, con una numerosa colonia de escritores, artistas y artesanos. Cuenta también con un buen número de restaurantes en los que se come bien y una pequeña playa. Está cerca de Micenas y Epidauro.

▼ Embarcación en el puerto de Nafplio.

▌ DELFOS (DELFOI)   ✱✱✱

Desde los remotos tiempos micénicos del segundo milenio a.C, fue el lugar sagrado donde se manifestaba la voz de los dioses y el punto exacto donde se detuvieron las dos águilas que soltó Zeus desde los extremos del orbe terrestre. Considerado el centro del mundo entre los helenos, el **santuario** era la sede del oráculo de Gea, la diosa de la Tierra que guiaba y protegía la existencia humana.

🕐 Museo de Delfos abierto los martes de 10 h a 17 h y de miércoles a lunes de 8 h a 20 h

💰 12 €, incluye visita al museo. Los primeros domingos de mes desde noviembre a marzo la entrada es gratuita

GASTRONOMÍA GRIEGA

La cocina griega, aunque mediterránea y relacionada en parte con la española, resulta a veces bastante exótica para nuestros paladares por su influencia otomana y el uso más frecuente de hierbas aromáticas. El hinojo, el eneldo, el orégano y la hierbabuena, por ejemplo, son muy habituales en sus platos.

▲ Ensalada griega con queso feta y pescado a la parrilla en una taberna de Atenas.

Sabores exóticos

También hay sabores muy distintos, como la taramosalata (crema de huevas de atún), el humus (crema de garbanzos con especias) o la ensalada de pepino y yogur. Pero las ensaladas, los pescados, las carnes y las pastas son iguales y, en general, de buena calidad. Los pinchos de cordero, pollo y verduras están muy especiados y son muy sabrosos.

Los postres también tienen una clara influencia oriental con sus dulces de pistacho, almendras y miel, aunque lo mejor sigue siendo su famoso yogurt con pasas, frutos secos y miel.

Comer en la capital

Es fácil comer bien en Atenas –salvo en algunos lugares turísticos de Plaka– incluso resulta bastante sencillo hacer que cada comida sea memorable. Algunos negocios de aspecto dudoso sorprenden por su animado ambiente y una cocina casera bien hecha y a buen precio. Hay cientos de locales con buena cocina a precios medios y un número creciente de restaurantes cuyos chefs intentan fusionar la cocina tradicional griega con las últimas tendencias.

Cuándo comer

Como ocurre en España, los griegos suelen comer y cenar bastante tarde, y nunca ligero. Los restaurantes abren a las 13 h y hasta las 19 h para las cenas, aunque este horario está orientado al turismo del norte, porque los atenienses llegan más tarde.

Muchas de las especialidades del día se preparan por la mañana o al mediodía. Un plato como la musaca puede que lo sirvan tibio o recalentado por la noche. Si gusta la comida bien caliente y recién hecha, conviene pedir algo que tengan que preparar al momento.

Aperitivos

Además de las más conocidas *taramasalata* y *tzatziki,* hay muchos otros entrantes apetitosos. Una crema hecha con berenjenas, la *melitzanasalata,* es deliciosa, mientras que un plato de queso feta es sabroso.

La fritura llamada *saganaki*. Los pimientos rojos y dulces de Florina se marinan primero, luego se asan y se sirven fríos.

▌Para beber

El aperitivo griego por excelencia es el *ouzo*, un licor anisado transparente que toma un color blanco lechoso al mezclarse con agua y a veces se acompaña con algo para picar. Los griegos suelen tomarlo solo, bebiendo un trago de licor y después otro de agua en lugar de mezclarlo antes.

Los griegos no son grandes bebedores de vino, aunque sus caldos son famosos por su peculiar sabor resinado, por eso se llaman *retsina*. Los **blancos** son mejores que los **tintos** y aunque estos carecen de renombre, gracias a la demanda del turismo y la mayor sofisticación de los paladares nacionales, los viticultores griegos han mejorado su técnica y producen algunos vinos interesantes que ya han ganado premios internacionales. Se puede elegir entre *Boutari, Tsantalis, Kourtakis* y *Domaine Carras,* que son los principales productores.

Después de la comida se suele beber un brandy griego. La marca *Metaxa* es tan popular que se ha convertido en sinónimo de coñac.

▌Platos típicos

✓ **Taramosalata**: crema de huevas de salmón.

✓ **Tzatziki**: yogur con pepino, ajo y aceite.

✓ **Musaca**: pastel de berenjenas, carne y puré de patata.

✓ **Suvlaki**: carne asada.

✓ **Papuchakia**: berenjenas rellenas de carne picada.

✓ **Kalamaria**: calamares o chipirones fritos.

✓ **Mezedes**: pastelillos de carne o verdura.

✓ **Saganaki**: queso feta frito.

✓ **Spedzofai**: guiso de salchichas, pimientos y tomates.

✓ **Vriam**: especie de pisto con vegetales frescos.

✓ **Yemistá**: tomates o pimientos rellenos.

✓ **Baclavás**: pasteles de hojaldre, frutos secos y miel.

✓ **Lukumades**: buñuelos con miel.

◀ En la capital griega abundan las terrazas al aire libre para comer o cenar.

RUTA EN COCHE

Hacia el oráculo de Delfos

Distancia
180 km, ida.

Duración
1 día.

Punto de partida
Atenas.

Punto de llegada
Delfos.

▌ En el centro de Atenas hay que seguir las indicaciones hacia **Lamia** o **Thessaloniki** y tomar la autopista E75 hacia el noreste de la península del Ática.

Permanecer en esta vía 85 km hasta **Tebas** (Thíva). No es necesario entrar en la ciudad porque puede bordearse por una vía de circunvalación. Luego hay que seguir las señales hacia **Livadia,** 50 km más.

▌ Recomendamos hacer un alto en esta localidad que posee ruinas arqueológicas que merecen la pena.

Se sigue hacia el **santuario de Delfos** (▶91). Está en las laderas del monte Parnaso, escenario mítico donde habitaban las musas y que conserva resonancias literarias en la cultura europea.

▌ Hay distintos caminos para llegar. Una ruta interesante es la de **Dístomo,** localidad a unos 20 km de Livadia y a la que se accede por un desvío a la izquierda. Cerca se halla el bellísimo **monasterio de Ossios Loukas,** famoso por sus frescos.

Continuando por la carretera de Livadia, arribamos a la intersección con la de Delfos. Se atraviesa la ciudad montañesa de **Arachova,** lugar ideal para pararse a comer y reservar la tarde para ir al santuario y pasear por los alrededores.

▌ El **santuario de Apolo** está en un altiplano que resguarda la falda del Parnaso, rodeado de valles con esbeltos cipreses y olivos retorcidos. Asomado al **golfo de Corinto,** junto al **golfo de Lepanto,** impresiona por su fuerza y belleza.

▼ Cabeza del Auriga de Delfos, singular escultura hallada en el santuario. Al lado, columnas del Templo de Apolo.

Según la mitología, la caverna sagrada y sus entrañas estaban custodiadas por Pitón, una serpiente de enormes proporciones. Apolo venció al monstruo y expulsó a la diosa, quedándose como señor del lugar y ganando el apelativo de Pitio, en recuerdo de su hazaña. Desde el siglo VIII, los helenos identificaban el lugar con Apolo representado por un delfín, por lo que tomó el nombre de Delfos.

Los griegos de la Antigüedad creían que Delfos era el centro del mundo y que de sus entrañas salía la fuerza telúrica capaz de descifrar el futuro. Sin duda, se respira un ambiente especial y su ubicación impresiona, entre altos acantilados y un valle de olivos que se extiende a nuestros pies.

▲ Tholos del santuario de Atenea, en Delfos, de planta circular.

Situado en la ladera suroccidental del monte Parnaso, Delfos se convirtió en un centro de peregrinación desde el siglo XII a.C. En el templo se estableció el famoso oráculo. Los peregrinos acudían para pedir consejo sobre todo tipo de asuntos a las pitonisas, sacerdotisas que entraban en trance y hablaban con las divinidades.

La construcción del santuario data del siglo IV a.C, lo mismo que el teatro, que consta de 5.000 localidades. El extenso yacimiento contiene también las ruinas de un ágora, una gran piscina, un gimnasio y un estadio, donde se celebraban pruebas atléticas, los famosos Juegos Píticos, en los que se coronaba a los vencedores con coronas de laurel. En el **museo** pueden contemplarse piezas de gran valor, como el *Auriga*, que representa al vencedor de una carrera de cuádrigas. Datada del año 474 a.C. y de gran tamaño, es una de las pocas esculturas originales en bronce que se conservan del mundo helénico.

RUTA EN COCHE

Distancia
350 km ida.

Duración
Dos o tres días.

Punto de partida
Atenas.

Punto de llegada
Meteora.

▶ Las aguas termales en Termópilas.

▼ Estatua de Leónidas en el monumento a la Segunda Guerra Médica.

Hacia Meteora

▌ El recorrido hasta Livadia, a 135 km de Atenas, es compartido con la ruta hacia Delfos. Visitar **Delfos** (▶91) y sus alrededores hará que nos desviemos de la ruta prevista solo 30 km.

De ahí se puede llegar hasta **Galaxidi,** uno de los pueblos más pintorescos de la zona, nada masificado y que mantiene intacta su belleza natural. Es un buen lugar para hacer noche.

▌ Desde Galaxidi, por la E65 dirección **Kalambaka,** hacemos un alto en **Amfissa.** El centro antiguo y el antiguo mercado son recomendables. Dirección Lamia, se puede visitar el parque minero **Vagonetto** (www.vagonetto.gr). Para realizar la visita turística subterránea por las galerías se utilizan los mismos vagones que empleaban los mineros para extraer la bauxita hace 50 años.

En **Termópilas** podemos parar para visitar el monumento de batalla de las Termópilas que rememora la Segunda Guerra Médica; donde una alianza entre Esparta y Atenas consiguió detener la invasión del Imperio persa de Jerjes el Grande.

▌ 20 km antes de llegar a Kalambaka pasamos por la ciudad de **Tríkala**. Resulta interesante dar una vuelta por el casco antiguo de **Varoshi** y el **castillo**. Un lugar idóneo para comer, o pasar la noche.

Entre Tríkala y Kalambaka se halla la **cueva de Theopetra**, lugar de encuentro y transición del Neandertal al homo sapiens. Finalmente, a 20 km al este de Tríkala llegamos al pueblo de **Pyli**, con su famoso puente de piedra, la **iglesia de Porta Panagia** y el antiguo **monasterio de San Vissarion**.

▌ METEORA ✶✶

Entre desfiladeros sobresale un conjunto de peñascos de piedra arenisca formados bajo el mar hace 30 millones de años en los que se ubican varios monasterios. Es Meteora, Patrimonio Mundial por la UNESCO. Para muchos es el segundo lugar más importante de Grecia, después de la Acrópolis.

Los monjes llegaron aquí en el siglo xiv buscando seguridad y vieron en estos peñascos el lugar idóneo ya que, la única forma de acceder a los monasterios era escalando en roca o subiendo en una canasta. No se construyeron escaleras hasta 1920.

En su apogeo aquí llegó a haber 24 monasterios. El más grande es el monasterio **Megalo Meteoro** o también llamado Monasterio de la Transfiguración. En su interior se puede visitar su impresionante iglesia ortodoxa y diversas estancias que todavía conservan la atmósfera de antaño.

El segundo en tamaño y en importancia es el **monasterio de Varlaám**. Todavía está habitado, y destaca su iglesia, en la que se exhiben frescos de la época de su construcción en muy buen estado de conservación. También es famoso por albergar un iconostasio recubierto de pan de oro y por tener un museo con manuscritos, piezas de arte sacro y mobiliario de época.

Los otros cuatro, en los que por supuesto también se recomienda su visita, son el **monasterio de San Nicolás,** el de **Roussanou** dedicado a Santa Bárbara, el de la **Santísima Trinidad** y el de **San Esteban.** Este último es el que cuenta con un acceso más fácil.

Megalo Meteoro
🕒 De 9 h a 15 h, cierra los martes

Varlaám
🕒 De 9 h a 16 h, excepto los viernes

San Nicolás
🕒 De 9 h a 17 h

Santa Bárbara/Roussanou
🕒 De 9 h a 16:30 h, cierra los miércoles

Santísima Trinidad/ Agía Triada
🕒 De 10 h a 16 h, cierra los jueves

San Esteban
🕒 De 9 h a 13.30 h y de 15.30 h a 17.30 h, cierra los lunes

▼ Monasterio de Varlaám, ubicado sobre una roca.

··········

Información sobre las islas y la región del Ática
✉ 80-88 Syngrou Av., 11741 Atenas
🌐 www.athensattica.com

Agkistri
🌐 www.agistri.com.gr

Poros
🌐 www.poros-portal.gr

Kythera
🌐 www.kythira.gr

Hidra
🌐 www.hydra.com.gr

··········

Santuario Artemisa
🚌 Para ir a la playa hay que coger los autobuses 304, 305 o 316. Salen cada 20 minutos desde Leoforos Mseogion (metro Ethinikí o autobús A5 desde Akadimias)
🕐 De 8:30 h a 15:30 h. Martes cerrado

▌La costa este del Ática

La costa este de la península del Ática es una de las zonas menos visitadas por los turistas, por lo que si se dispone de tiempo y se quiere tranquilidad y mar, esta excursión es muy recomendable. Sol y playa por la mañana, restaurante típico a mediodía, ruinas por la tarde y taberna de noche es la mejor receta para olvidar el estrés. Desde Porto Rafi y Avlaki hasta los antiguos santuarios y templos de Vravrona, Ramnous y Amfiareon, hay donde elegir, sin olvidar una visita al túmulo de Maratón, lugar sagrado de muchos deportistas.

▌TEMPLO DE ARTEMISA EN VRAVRONA ✷✷
Las localidades costeras de **Porto Rafi** y **Avlaki** están a 40 km al sureste de Atenas. Hay playas estupendas y tabernas en las que comer o tomar el aperitivo.

Para continuar viaje, hay que hacerlo en coche, porque para llegar a Vravrona y visitar el **Santuario de Artemisa**, no existe transporte público. La ciudad antigua y su museo se encuentran a 15 minutos andando, en las afueras de la ciudad moderna. Del santuario, que fue el centro de culto de Artemisa, diosa de la fertilidad, se conservan las ruinas del templo del siglo v, construido en honor a la diosa sobre los cimientos de un edificio anterior. Según la leyenda, el santuario fue fundado por Ifigenia, la hermana del héroe Orestes, quien junto con él, robó la estatua de la diosa en Tauris y la trasladó hasta allí. Aquí se celebraba cada cinco años un **festival** en honor de Artemisa, que como diosa cazadora, estaba muy ligada a los animales salvajes. Las danzarinas imitaban los movimientos de las osas en celo y hoy podemos ver los restos del **Pórtico de las Osas** junto a los de la tumba de la propia Ifigenia.

▌RAFINA Y MARATÓN (MARATHÓNAS) ✷
Rafina, con sus 10.000 habitantes, es el tercer puerto del Ática, junto con El Pireo y Lavrio, que tiene conexiones con las islas Cícladas. Desde ahí salen ferris y grandes catamaranes con destino a Andros, Tinos, Míkonos y Siros, con tarifas más económicas que desde El Pireo. Es además un excelente lugar para comer pescado y marisco en una de las tabernas del puerto, desde cuyas terrazas se puede observar el constante trasiego de las embarcaciones.

RUTA EN COCHE

Distancia
90 km desde Atenas.

Duración
Un par de jornadas
o un fin de semana.

Punto de partida
Atenas.

Punto de llegada
Santuario de Amfiareon.

▼ Carretera a Maratón.

Por el golfo Sarónico

∎ Dirección a El Pireo por la avenida Syngrou para seguir la carretera de la costa hacia el sur, pasando por el antiguo aeropuerto hasta cabo Sunion.

En dirección norte por la carretera principal, se llega a **Markópoulo**, un agradable lugar para tomar algo en la terraza de un café y ver, dentro de un jardín amurallado, dos capillas interesantes: **Agia Paraskevi** y **Agia Thekla**.

∎ En Markópoulo se deja la carretera de Atenas para coger otra comarcal que llega a **Porto Rafti**.

Más allá de Porto Rafti, entre las localidades de Avlaki y Loutsa, está el **Santuario de Vravróna**.

∎ Desde aquí hay que seguir por la carretera de la costa hasta **Rafina**, el animado puerto recomendable para comer en una terraza mientras se observa el trasiego de los barcos.

Para ir a **Maratón**, hay que ir por la Ctra. 54 y girar a la derecha por la 83 hacia Nea Makri y Marathonas. El túmulo funerario está cerca de **Nea Mákri**.

∎ A 8 km de Maratón hay un bonito lago donde bañarse que se llama **Limni Marathona** y con una presa construida con mármol blanco.

Cerca de Maratón está la **playa de Shiniás**, la mejor de la zona y un lugar magnífico para darse un baño y descansar.

∎ Al final de la carretera 83, frente a la **isla de Evia**, está el **santuario de Ramnous** y más al norte, en el límite con Beocia, el **santuario de Amfiareón**.

▲ Amanecer en la costa de Atenas.

En **Maratón** tuvo lugar, en el año 490 a.C., la célebre victoria de Grecia sobre los persas. Para llevar cuanto antes la noticia a Atenas, el soldado Filípides corrió ininterrumpidamente los 41 km que separan ambos lugares y una vez que hubo entregado el mensaje, cayó muerto. Las olimpiadas modernas conmemoran la gesta con la carrera del maratón y la batalla se recuerda en el túmulo funerario bajo el que descansan los 192 soldados atenienses que perdieron su vida en la batalla.

Hay un pequeño **museo** que muestra los hallazgos de la batalla y un monumento funerario además del famoso túmulo, la **tumba de los Plateos,** soldados de la ciudad beocia de Platea que combatieron junto a los atenienses.

❚ SANTUARIOS DE RAMNOUS Y AMFIAREÓN ✱

En la parte noreste del Ática, enfrente de la isla de Evia, hay otros dos sitios arqueológicos, aunque solo es posible llegar ahí con coche. Se trata de una de las ruinas más remotas, aunque de fácil acceso desde Atenas.

El **santuario de Ramnous** constaba de dos templos, erigidos en los siglos v y vi a.C. y estaban consagrados a Themis, diosa de la Justicia, y a Némesis, diosa de la Venganza y madre de Helena de Troya, aunque solo quedan algunos restos esparcidos y cubiertos de maleza.

No lejos de aquí, ya en el borde con la región de Beocia, está el santuario del siglo iv a.C. conocido como **Amfiareón** y dedicado al rey Anfiarao de Argos. El monarca, que tenía poderes adivinatorios y capacidad para curar enfermedades, no quería participar en la guerra de Atenas contra Tebas, pero su mujer insistió y él cedió. Estando en el fragor del combate murió fulminado por un rayo que envió Zeus, según la leyenda mitológica.

- - - - - - - - - -

✉ A 12 km de Marathon

Santuario de Ramnous
☎ 229 406 3477
🕓 De 8:30 h a 15:30 h. Martes cerrado
🌐 ww.odysseus.culture.gr
🎟 4 €

Amfiareón
☎ 29 506 2144
🕓 De 8 h a 15 h.
🎟 3 €

▌ Las islas

Un viaje a Atenas no será del todo completo si no se conoce alguna de las islas griegas, donde aún puede sentirse el ritmo lento y la vida natural de la Hélade milenaria.

Egina, Poros e Hidra pertenecen al grupo de las Sarónicas y son las más próximas a Atenas, junto con las Sarónicas Salamina y Spetses. Cualquiera de ellas merece una visita. Quizá Salamina encierre menos interés, aunque es famosa por la batalla. Egina tiene hermosas playas y mucho arbolado. En su interior se pueden visitar antiguas mansiones o el mejor templo dórico de Grecia, pero en verano es invadida por los propios griegos.

Poros es una de las islas más auténticas y conserva el sabor de la vida rural, mientras que Hidra mantiene intacto su encanto insular, sin tráfico y con un puerto al que llegan continuamente barcos de pescadores. Spetses, por su parte, es más sofisticada, tiene excelentes restaurantes y mansiones elegantes. A todas ellas se puede ir en el mismo día, gracias al servicio de ferris que conecta con El Pireo.

▲ Redes al sol en la isla de Hidra.

▌ POROS   ******

Conocer Poros supone visitar dos islas por el precio de una: las dos pequeñas islas están unidas por un puente. El continente está a tan solo 400 m, al otro lado de las aguas poco profundas o vados (*póros*) que dan nombre a la isla. A una hora de Atenas, Poros recibe multitud de visitantes, como el resto de las islas Sarónicas. Se puede hacer una escapada cruzando a tierra firme y dar un paseo por los campos de limoneros de *Limonodhassos*, donde 30.000 de estos árboles perfuman el aire y sinuosos senderos suben hasta una taberna.

De vuelta en la ciudad, es muy agradable recorrer sus estrechas callejuelas, visitar el pequeño **museo arqueológico** o pasar el tiempo en los cafés del puerto contemplando los barcos y la gente.

En el **puerto** de Poros atracan algunos barcos grandes y es muy curioso observar a los marineros en cubierta a la misma altura que las casas que se apiñan sobre el puerto.

Aunque en la isla quedan las ruinas esparcidas del Templo de Poseidón, del siglo VI, Poros es un lugar para disfrutar de vacaciones modernas, más que para sumergirse en el pasado.

▶ Pintoresco puerto de Hidra.

I HIDRA ✶✶

Si solo se dispone de tiempo para visitar una isla, Hidra es la mejor elección. Llegar hasta ella lleva 90 minutos en el *Flying Dolphin*. Una vez allí, el **puerto** es tan extraordinariamente hermoso que es comprensible el amor que la gente le profesa a las islas griegas. Fue colonizada por artistas bohemios a finales de los años sesenta, convirtiéndose en un lugar de moda para vivir o disfrutar de largas vacaciones con un aire a Ibiza o Saint-Tropez. Muchas de las mansiones que rodean el puerto fueron restauradas con buen criterio, recuperando la gloria de los tiempos en los que la isla contaba con una poderosa flota comercial (siglo XVIII).

En la actualidad, se aplica una ley del suelo muy severa y el tráfico está restringido con la finalidad de conservar la belleza de la isla, aunque los comerciantes presionan para que disminuyan las restricciones.

Hidra también cuenta con un gran número de **iglesias** y seis **monasterios**. Entre ellos destacan **moní Agías Efpraxías,** en el centro de la isla y al que se llega después de un paseo de dos horas; **el monasterio Profitis Ilías** del siglo XIX, desde donde hay una bonita vista, y **Agía Triada,** de 1704 y donde no se permite la entrada a las mujeres. Entre las iglesias, la más antigua de la isla es **Agios Ioannis,** con impresionantes frescos.

Aunque las playas no son el mayor atractivo de Hidra, es posible darse un chapuzón en **Limnioniza** (la mejor), **Mandraki, Vlichos** o **Agios Nikolaos.** A todas ellas se dirigen las excursiones que salen cada día a las 11 h del puerto y que rodean la isla.

Al oeste del puerto se pueden ver algunos cañones del siglo XVIII, mientras que al este está el **Istorikó Arhío-Mousío** (Museo-Archivo Histórico), con retratos y diversos objetos relacionados con la navegación.

I EGINA (AÍGINA) ✶✶

Al estar cerca de Atenas, Egina es un refugio para los atenienses que quieren pasar el fin de semana, especialmente en verano. Además de su cercanía, también debe su popularidad al hecho de ser una isla verde, con buenas playas y un espléndido templo, dedicado a Afaia, que fue construido alrededor del 490 a.C. y está considerado como uno de los templos dóricos mejor conservados de Grecia.

Resulta sencillo llegar hasta allí. Hay autobuses regulares que parten de la ciudad de Egina, y cualquier visita contratada a través de una agencia

▌Un poco de mitología

En la mitología griega los habitantes de Egina eran los *myrmidones*. Los nativos de la isla fueron destruidos por una plaga enviada por Hera, esposa de Zeus, celosa por el amor de su esposo por Egina, que dio su nombre a la isla. Zeus repobló la isla tras las súplicas de Aeacus, abuelo de Aquiles, que, viendo un hormiguero, pidió un número similar de habitantes. Los nuevos pobladores de Aegina se llamaron *myrmidones* (en griego, hormiga se dice *myrmekes*).

incluye este recorrido. El **templo** es unos 60 años más antiguo que el Partenón y, al igual que este, está ubicado en un paraje excepcional, sobre una colina cubierta de pinos. Si la visibilidad es buena, con unos prismáticos se puede divisar la Acrópolis de Atenas y cabo Sunion.

Cerca se halla el puerto turístico de **Agía Marina**. Si se desea visitar el templo, algunos barcos de El Pireo paran allí. Agía Marina es un destino popular entre los circuitos de vacaciones organizadas, sin embargo la capital de la isla ofrece un sabor más auténtico, con algunos bellos edificios que datan del periodo en que fue la capital del país (1828-1829), después de la Guerra de Independencia. En Agía Marina hay algunas **iglesias** interesantes, la **casa** donde el novelista y poeta **Nikos Kazantzakis** (1883-1957) escribió *Zorba el griego,* un pequeño **museo** y varias tabernas.

▌SALAMINA ✱

Salamina es la isla más grande de las islas Sarónicas pero la menos conocida fuera de Grecia, ya que la industria turística no está desarrollada. A 1 km de El Pireo, se llega enseguida en barco, por lo que muchas personas viven aquí y trabajan en Atenas.

Fue el lugar de nacimiento de Eurípides y su nombre se recuerda por la *Batalla de Salamina,* en el año 480 a.C. La ciudad tiene dos **muelles** a 3 km uno del otro, y conectados por autobús. Sin embargo, si hay tiempo para explorar, la isla ofrece algunos atractivos como el **puerto pesquero** y las viejas mansiones de Agios Nikolaos, el **monasterio de Faneromeni** del siglo XVII y el bonito centro turístico de **Peristeria**.

▌ SPETSES   ✦✦

Spetses es la isla Sarónica más lejana de Atenas, aunque se llega en poco más de 2 horas en el rápido *Flying Dolphin.* Es menos cara que Hidra, tiene mejores playas que Poros o Hidra, y es bastante verde (su nombre es una degeneración del término griego "pinar").

La ciudad de Spetses tiene, al igual que Hidra, muchas mansiones elegantes del siglo XVIII, construidas gracias a las riquezas que aportaba la flota comercial. Una de las más hermosas, que data de 1795, hoy alberga el **museo** de la isla que merece una visita. El atractivo de Spetses como lugar de visita o para pasar una noche, está potenciado además por la fama de sus buenos restaurantes.

Museo
☎ 229 807 2994
🕐 De 8:30 h a 15:30 h.
Martes cerrado
💻 ww.odysseus.culture.gr
💶 4 €

◀ Puerto de la bella Egina.

Dónde...

Restaurantes

ATENAS

All That Jatz (E)
En pleno corazón del barrio de Monastiraki. Buena comida a muy buen precio.
- ✉ Agiou Filippou 10
- ☎ 210 331 4753

Ama Lachei at Nefeli's (E)
En las calles del barrio de Exarchia. A pesar de que a determinadas horas está a rebosar, el servicio es rápido y la comida está deliciosa. Gastronomía típica griega pero con un enfoque moderno. Ideal para comer alejado del ruido del centro.
- ✉ Kallidromiou 69
- ☎ 210 384 5978
- Ⓜ Panepistimio

Arcadia (E)
Restaurante especializado en gastronomía típica griega. Son muy recomendables la moussaka y los gyros. Está situado muy cerca de la Acrópolis.
- ✉ Makrigianni 27
- ☎ 210 923 8124
- 🖰 www.greektaverna.gr

Atitamos (E)
Auténtica cocina cretense a muy buen precio. Música griega, decoración típica y mesas fuera. Cocina de calidad. Recomendable.
- ✉ Kapodistriou, 2. Exarchia
- ☎ 210 330 0864
- ⏱ Cocina abierta de 12 h a 1 h

Bandiera (E)
Local de comida griega tradicional. Muy recomendable su souvlaki.
- ✉ Taki 19
- ☎ 210 325 2255

Bairaktaris Tavern Sigalas (E-M)
Se trata de una de las tabernas más antiguas de la ciudad. Funciona desde 1879. A pesar de que también ofrece cocina tradicional griega, es famosa por sus deliciosas carnes a la parrilla y por cocinar de manera exquisita el *souvlaki*.
- ✉ Plaza Monastiraki 5
- ☎ 210 322 0201
- 🖰 www.bairaktaris.gr

Cafe Victoria (E)
Local para picar algo rápido situado en el barrio de Plaka. Gran variedad a precios asequibles.
- ✉ Filellinon 22
- ☎ 210 324 8782

Cinque Wine & Deli Bar (E)
Bar-restaurante de vinos familiar. Se realizan catas y degustaciones de delicatessen. Si se va por la noche o fin de semana, mejor reservar.
- ✉ Agatharchou 15
- ☎ 215 501 7853
- 🖰 www.cinque.gr

Efcharis (E)
Cocina mediterránea en un local rústico y con encanto. Dispone de vinos caseros.
- ✉ Adrianou 49A
- ☎ 210 322 6330
- 🖰 www.efxarisathens.gr

Erato Restaurant Plaka (E)
Restaurante situado en el barrio de Plaka donde degustar la moussaka.
- ✉ Adrianou 134
- ☎ 210 324 7966
- 🖰 www.erato-plaka.gr

Falafellas (E)
Local de comida callejera, ideal para probar el falafel. Sólo es posible pedir comida para llevar, ya que el local no dispone de mesas.
- ✉ Aiolou 51
- ☎ 210 323 9809
- 🖰 www.falafellas.gr

Glykis (E)
Excelente para tomar mezzes y platos tradicionales como su sepia al vino, en una tranquila plazoleta cerca de Plaka.
- ✉ Angelou Gerona, 2
- ☎ 210 322 3925
- Ⓜ Akropoli
- ⏱ Abierto de 10.30 a 1.30 h.

Greco's Project (E)
Cocina mediterránea griega. Son muy recomendados los gyros de cerdo y pollo.
- ✉ Mitropoleos 5
- ☎ 210 325 2282
- 🖰 www.grecosproject.gr

Kostas (E)
En una plaza tranquila por la zona de Síntagma, frente a la iglesia de Agia Irini. Este local sirve unos exquisitos *souvlaki* y *kebabs* con una salsa de tomate picante que es la marca de la casa y con la que consiguen un sabor único. Recomendable para los amantes del picante y los sabores fuertes.
- ✉ Platía Agia Irinis 2
- ☎ 210 323 2971
- ⏱ De 10 h a 18 h

Liondi Traditional Greek Restaurant (E)
Tiene una amplia carta de especialidades griegas. Dispone de menú vegetariano.

✉ Makrigianni 21
☎ 210 921 9994
🖥 www.liondi.com

Maiandros (E)
Local muy recomendado para probar platos típicos caseros de cocina mediterránea.
✉ Adrianou 47
☎ 210 321 0181

O Platanos (E)
Al borde de Anafiótika, con una terraza sombreada que ofrece buena cocina griega. Hace pocas concesiones al turismo y además es perfecta en verano, ya que se está muy fresco en las mesas al aire libre bajo el plátano que le da el nombre.
✉ Diogenous 4
☎ 210 322 0666
🚇 Metro Monastiraki
🖥 www.lachania
   platanostaverna.com

Rozalía (E)
Establecimiento familiar localizado en Exarchia, con un gran jardín interior y ventiladores que rocían con agua pulverizada. Su reclamo principal es la carne asada, aunque también ofrece muy buena comida tradicional y vino de Creta.
✉ Valtetsiou 58
☎ 210 380 7992
🚇 Omonia
🖥 www.rozalia.gr

I Saita (E)
Sencilla taberna para cenar, con vino de barril y un menú estándar que a

Ambiente familiar

A los griegos les encanta ir a las tabernas porque disfrutan mucho yendo a comer, beber, escuchar música griega y bailar *sirtaki* con la *parea,* que es el término con el que se designa a la pandilla de amigos. Por esta razón hay multitud de tabernas de cocina casera donde se come bien y, desde hace ya varios años, se puede beber el vino de *retsina* que, si antes era áspero y desagradable para el paladar latino, hoy ha evolucionado mucho y se pueden encontrar caldos espléndidos. Tienen sobremesas largas, a la española, en las que se puede disfrutar de un exclente café con helado o un delicioso postre casero, en un ambiente muy animado acompañado a menudo por música *laika*.

Horarios

Aunque muchos establecimientos abren pronto para cubrir el horario de los europeos, lo normal es llegar de 21 h a 22 h para cenar. El horario de mediodía es más flexible. De 13 a 16 h. Se sabe que los españoles suelen comer tarde y son tolerantes. En Plaka se puede comer a cualquier hora.

Locales de Rembetika

Perivoli Tou Ouranou

Es una taberna muy famosa de Plaka con *rembetika* a cargo de reconocidos cantantes. También se puede escuchar música *laïka* popular mientras se cena.

✉ Lysikratous 19, Plaka
☎ 210 323 5517
🌐 www.toperivoli-tou-ouranou.gr

Kavouras

Está situado sobre un local de *souvlaki* en Exarchia. Muy animado, tiene buenos músicos que tocan hasta tarde.

✉ Themistokleus 64
☎ 210 383 8010
Ⓜ Omonia
🕐 Cierra en agosto

veces incluye deliciosas sorpresas, como el plato de cerdo en salsa de apio. Es algo ruidosa y en general está muy llena.

✉ Kydathinaíon 21
☎ 210 322 6671
Ⓜ Metro Monastiraki

Scholarchio (E)

Es una *ouzeri*, que es como se llaman las tabernas para picar algo ligero y beber *ouzo* o vino. Conocida también como *To Yerani*, tiene aperitivos como *saganaki, taramasalata*, calamares fritos, mejillones, berenjenas rebozadas y salchichas cocinadas en *ouzo*. Ambiente griego en una agradable terraza donde sentarse y cenar pequeñas raciones.

✉ Tripodon 14
☎ 210 324 7605
Ⓜ Metro Monastiraki

To Kafeneio (E)

Ofrece buenos *mezedes* regionales como pastel de queso cretense.

✉ Epiharmou 1 esq. Tripodon

☎ 210 324 6916
Ⓜ Metro Akropoli
🌐 www.tokafeneio.gr

Strofi (E-M)

Cerca de la Acrópolis, es un local encantador y decorado a la antigua que se encuentra en una azotea. Tiene merecida fama por su buena cocina y goza de excelentes vistas. Suele estar frecuentado por actores y gente de la farándula.

✉ Rovertou Galli 25
☎ 210 921 4130
Ⓜ Metro Akropoli
🌐 www.strofi.gr

Taverna 5F (E-M)

A pesar de que el nombre no diga mucho y tampoco lo haga su decoración exterior, esta taberna sirve auténtica comida griega casera. Para dos personas, os recomiendo elegir el menú familiar pequeño, que consta de varios platos y ensaladas.

✉ Dioharous 31
☎ 210 722 4242
🚇 Megaro Moussikis

Taverna tou Psyrri (E-M)

Es una de las más recomendables entre la gran oferta de Monastiraki. Su propietario procede de Naxos y se nota en la carta: muy buen pescado traído de allá, carne de cría familiar y pequeño marisco a precios asequibles.

✉ Aischylou 12
☎ 210 321 4923

Dio Dekares i Oka (M)

Buena ubicación cerca del Acrópolis y un lugar excelente para degustar buena cocina griega. La relación calidad-precio merece la pena y las raciones son bastante copiosas. Los grills de carne y verduras tienen buena reputación.

✉ Anastassiou Zinni 29-31
☎ 210 922 0583
🌐 www.dyodekaresioka.gr

Favela (M)

Bar *mezede* en la zona de Gazi. Cocina griega con un toque personal.

✉ Artemisiou, 4. Gazi-Kerameikos
☎ 210 341 2413

Gods Restaurant (M)

En la zona de la Acrópolis, llena de restaurantes. Bien situado. Es algo turístico, pero preparan una cocina tradicional griega muy interesante. Servicio atento. Ambiente agradable.

✉ Makrigianni, 23-27
☎ 210 923 3721
🌐 www.gods-restaurant.com

Hermion (M)

Es un antiguo café-restaurante muy agradable y vistoso, que está cerca del mercadillo. Tiene mesas en el interior para las comidas y un patio encantador. Precios moderados.

✉ Pandrossou 7-15
☎ 210 324 7148
Ⓜ Metro Monastiraki

Diario: comidas y cenas
www.hermion.gr

Kanella Restaurant (M)
Sabrosa cocina griega. Buen servicio y detallista. Proponen una cocina local y tradicional griega.

✉ Konstantinopoleos, 70. Psirí
☎ 210 347 6320

Karamanlidika (M)
Un lugar muy especial. Charcutería-restaurante en Psirí. Jamón, salchichas y quesos griegos curados de calidad. Sirven cocina bizantina y de Capadocia a muy buen precio: aperitivos, ensaladas, embutidos y vino. También pescado ahumado, anchoas, sardinas, salmón, etc. Una maravilla. Muy recomendable. Cocina mediterránea, griega y delicatessen.

✉ Sokratous, 1 con Evripidou, 52
☎ 210 325 4184
🕐 De 12 h a 23 h
www.karamanlidika.gr

Oineas Restaurant (M)
Restaurante familiar con una decoración pintoresca (las paredes están llenas de anuncios antiguos). La comida es típica griega, hablan español y te hacen sentir como en casa. Trabajan muy bien el queso, tanto salado como en tarta, aunque el postre estrella es una tarta de chocolate.

✉ Aisopou 9
☎ 210 321 5614

Botrini's (C)
Lo lleva el chef Hector Botrini, con una estrella Michelin. Creaciones de alta calidad, imaginativas y sabrosas.

✉ Vassileos Georgiou B 24 B, Chalandri
☎ 210 685 7324
www.botrinis.com

Cookoovaya (C)
Alta cocina. El chef Periklis Koskinas lidera esta

Tipos de restaurantes

Existen varios tipos de casas de comida en Atenas: el *estíatorío*, la *taberna*, los *uzerí*, las *psistaria* y las *psarotaberna*. Los primeros son los restaurantes de tipo medio que ofrecen comida tradicional griega, especialmente musaca (carne picada, berenjenas y bechamel), pastichio (igual, pero con pasta en lugar de berenjenas), *yemistá* (tomates y pimientos rellenos de arroz y/o carne), *kokinistó* (carne guisada con tomate) y laderá (verduras guisadas con tomate y aceite). En menor *medida*, y según la zona, carnes y pescados a la brasa con ensalada verde. Muchas veces no tienen carta y el camarero recita el menú, por lo que conviene aprenderse el nombre de algunos platos. Generalmente los platos se exponen en vitrinas junto a la cocina y el cliente elige, algo que sirve de ayuda cuando no hay una lengua común en la que entenderse. Eso sí, aquí la regla, como ya advertimos, es la comida templada, "del tiempo".

Las **tabernas** son el tipo popular y en principio más baratas, pero su aceptación ha hecho que las haya ya elegantes e incluso más caras que los anteriores. La diferencia en el menú es que tienen más platos tis orás, es decir, preparados al instante y que consisten sobre todo en carnes y pescados. También tienen más entrantes que los estiatoria, servidos a modo de raciones o tapas para compartir y que se llaman salate, aunque la mayoría son cremas para untar en el pan. Los **uzerí**, por su parte, son más bien bares de tapas, especializados en pastelillos de carne y pescado, los llamados mezedes. Por eso también se les llama mezedopolía.

Para comer buen pescado, lo mejor es ir a una **psarotaberna**, ya que no es fácil encontrarlo bueno y bien hecho. Hay que tener cuidado con los precios, suelen venderlos por piezas y son bastante caros. Lo mismo ocurre con la carne, los mejores sitios son las *psistariá*, donde se sirve ternera, cordero, cerdo y pollo asado, en *suvlaki, kebab* y *yirós,* con acompañamiento de ensalada y patatas fritas.

cocina de autor que ofrece un espectáculo para el paladar.

El restaurante ha sido recientemente reformado. Platos inusuales e imaginativos. Cocina abierta y patio. Magnífica carta de vinos y excelentes cócteles. El menú cambia estacionalmente. Cocina en evolución.

- ✉ Chatzigianni Mexi, 2A
- ☎ 210 723 5005
- ◷ De 13 h a 1 h
- 🖥 www.cookoovaya.gr

CTC (C)

Cocina creativa francesa con un toque mediterráneo. Alta calidad. Obtuvo una estrella Michelín en 2022. De los mejores restaurantes de Atenas. Llevado por el chef Alex Tsiotini. Decoración minimalista y elegante. Perfecto para una cena romántica. Menú corto pero de altos vuelos y con buenos precios, teniendo en cuenta la calidad de la cocina.

- ✉ Plataion Str, 15
- ☎ 210 722 8812
- 🖥 www.ctc-restaurant.com
- ◷ Menú degustación: de 60 a 90 €

Hytra (C)

Una estrella Michelin. Cocina griega en un entorno envidiable. También ofrece cocina mediterránea de autor.

- ✉ Sigrou Avenue 107-109
- ☎ 210 331 6767
- 🖥 www.hytra.gr

Kuzina (C)

Recetas tradicionales con un nuevo enfoque. Cocina de mucha calidad con vistas a la Acrópolis y el Templo de Ifestos. Ambiente relajado. El mejor restaurante de la zona, llevado por el chef Aris Tsanaklidis. Bien decorado, con sencillez. Ambiente agradable. Buen servicio. Mesas en la terraza.

En la azotea se puede tomar una copa después de cenar.

- ✉ Adrianou, 9. Thissio
- ☎ 210 324 0133
- 🖥 www.kuzina.gr

Vassilenas (C)

Comida griega tradicional transformada en alta cocina creativa.

- ✉ Vrasida 13
- ☎ 210 721 0501
- 🖥 www.vassilenas.gr

Vegan Beat (E)

Restaurante vegano situado en el barrio de Plaka.

- ✉ Perikleous 56
- 🖥 210 321 3009

Vezené (C)

Pequeño pero acogedor restaurante. De los mejores de Atenas. Humilde en sus pretensiones pero de altísimo nivel culinario. Servicio excelente. Local con las mesas muy juntas, pero la comida merece la pena.

- ✉ Vrasida, 11
- ☎ 210 723 2002
- 🖥 www.vezene.gr
- ◷ Cenas, desde las 19 h

Cocina internacional

Amigos (M)

Restaurante especializado en comida mejicana.

- ✉ Meg. Alexandrou 70
- ☎ 210 933 2220
- 🖥 www.amigos.gr

Dosirak (M)

Restaurante que propone cocina coreana, china y japonesa.

- ✉ Voulis, 33
- ☎ 210 323 3330

Jaipur Palace (E)

Uno de los restaurantes indios más recomendados de la ciudad.

- ✉ Leoforos Andrea Siggrou 121
- ☎ 210 981 2009
- 🖥 www.jaipur-palace.gr

Malconi's (M)

Gastropub de cocina italiana. Elegante y moderno. Música hasta las 3 h.

- ✉ Ioakim, 43
- ☎ 210 724 8920
- ◷ De 10 h a 24 h
- 🖥 www.malconis.gr

Nolan (M)

Restaurante de comida fusión griega y asiática.

- ✉ Voulis 31
- ☎ 210 324 3545

www.nolanverse.com

Tokio Joe Kolonaki (M)

Propone una cocina japonesa de calidad a precio medio.

- ✉ Ploutarchou, 16-18
- ☎ 210 524 1120

Dinner in the Sky (C)

Típico restaurante que ha proliferado en los últimos años en muchas ciudades en el que una enorme grúa eleva a los comensales hasta 50 metros de altura ofreciendo increíbles vistas de la ciudad. El menú de 5 platos cuesta 135 €, es cerrado y se publica previamente en la web.

- ✉ Technopolis of Athens, lakchou & Voutadon St., Gazi
- ☎ 698 224 7704
- 🖥 www.dinnerinthesky.gr

Kona Kai (C)

Más bien caro, para darse un capricho. Está en el Hotel Ledra Marriott y suele estar muy lleno. También menú japonés. Solo cenas.

- ✉ Syngrou 115
- ☎ 210 930 0000
- ◷ Cierra en temporada de verano, en agosto

L'Abreuvoir (C)

Acogedor y elegante restaurante francés de Kolonaki, donde se puede encontrar a cualquier celebridad internacional. Ofrece platos muy elaborados, especializados en carne y una carta de vinos.

- ✉ Xenokratous 51
- ☎ 210 722 9106
- 🚇 Metro Síntagma
- 🕐 Diario, comidas y cenas

ALREDEDORES DE ATENAS

En El Pireo y la zona de Glifada la oferta es muy amplia, pero la mayoría de los restaurantes ofrecen cocina internacional a precios bastante altos. Es más recomendable parar a lo largo de algún itinerario, en alguno de los lugares que se visiten y buscar una casa de comidas familiar donde hagan buena cocina casera.

El Pireo

El puerto histórico de Atenas se convirtió en el siglo xx en un barrio más de la ciudad al que se llega cómodamente en la línea verde del metro. Además del constante trasiego de viajeros que van a coger los ferris hacia las islas con sus consabidas tiendas de recuerdos y puestos de comida rápida, hay toda una oferta gastronómica en especial de pescado y marisco. De su largo paseo marítimo en torno a sus tres puertos, el más pequeño es el que tiene las tabernas y restaurantes más recomendables. Se llama **Mikrolimano**, pero la gente lo llama *Turkolimano* por la fuerte presencia greco-turca instalada allí desde hace casi un siglo.

Aristotle Piraeus (E)
Bar restaurante situado cerca del puerto. Varias veces a la semana tienen actuaciones en directo.
- ✉ 2as Merarchias 14
- ☎ 210 010 1076

Giannis Fish Tavern (M)
Una de las mejores tabernas para comer pescado y marisco en El Pireo. No es un restaurante para turistas, por lo que depende del turno puede que no hablen ni inglés, pero aquí todo es fresco y el servicio se esfuerza por ser amable. El pulpo es el plato estrella.
- ✉ Chatzikyriakou 107
- ☎ 210 418 0160
- 🌐 www.ogiannis.gr/in

Panorama (M)
Apartada del bullicio del puerto, esta taberna sirve pescado fresco a la parrilla (dorada, salmonetes, pez espada) a precios razonables. Vistas panorámicas.
- ✉ Irakliou 18-20
- ☎ 210 417 3475
- 🕐 Comidas y cenas

Dourambeis (C)
Uno de los mejores de El Pireo. Fundado en 1932, es un local sencillo pero con excelentes y caras especialidades de pescado de las islas, asado a la perfección y servido con un básico aliño de limón y aceite de oliva. También tienen una deliciosa sopa de langosta.
- ✉ Athena Dilaveri 29
- ☎ 210 411 8220

Jimmy & The Fish (C)
Muy recomendable. No es fácil elegir entre los espaguetis de langosta y otras pastas de marisco, especialidad de la casa, o el pescado del día. Ofrece además riquísimos entrantes como calamares relle-

nos y gambas con ouzo y sésamo.

- ✉ Akti Koumoundourou 46
- ☎ 210 412 4417
- Ⓜ Metro Monastiraki
- 🕓 Comidas y cenas

Cabo Sunion

Pezodromos
Una buena opción para comer pescado o marisco.

- Ⓜ Lavrio
- ☎ 229 202 2670

Sirtaki (M)
Es muy agradable en verano, cuando se puede comer en una mesa en el jardín, rodeados de árboles y viendo el mar. Entre lo mejor de la carta están las *pites* (empanadas variadas) y las *keftedakia* (albóndigas). También tienen una buena selección de pescado fresco que conviene probar.

- ✉ Está en el km 69 de la carretera Atenas-Sunion
- ☎ 229 203 9125

Nafplio

Kakanarakis 1986 (E)
Casa de comida casera, a dos calles del mar, ofrece especialidades griegas incluso fuera de temporada como conejo con feta o calamares en vino.

- ✉ Vasilissis Olgas 18
- ☎ 275 202 5371
- 🕓 Diario, comidas y cenas

Ta Fanaria (E)
Destaca por sus platos vegetarianos y entrantes sin carne como pastelillos de verdura, humus, *taramosalata* y yogur con pepino. Con una pequeña terraza a la sombra, es una opción perfecta para vegetarianos, aunque también se pueden pedir platos de pescado. Además, no cierra por la tarde, por lo que resulta muy conveniente si se quiere comer a deshoras.

- ✉ Bouboulinas 69
- ☎ 275 202 7141
- 🖰 www.fanaria.gr

Karamanlis (E)
Si se quiere vivir el ambiente portuario sin la sofisticación del centro ni los precios abusivos para turistas, esta taberna es la adecuada, porque está en el mismo puerto y conserva su sabor local al estar un poco apartada. La comida es buena, sencilla y barata.

- ✉ Bouboulinas 43
- ☎ 275 209 7999
- 🕓 De 12 h a 1 h

Savouras (M)
Es un conocido restaurante de pescado frente al mar, muy apreciado por los lugareños y que suele estar lleno. La oferta varía dependiendo de las estaciones, pero lo que más destaca son sus deliciosos salmonetes y las doradas.

- ✉ Bouboulinas 79
- ☎ 275 202 3704
- 🕓 Diario, comidas y cenas. Para cenar, hacer reserva
- 🖰 www.savouras.gr

Delfos

Vakhos (E)
Es un tranquilo establecimiento familiar de trato muy agradable y servicial, que sirve comida sencilla pero de buena calidad, aunque a veces el menú no tenga mucha variedad. También tiene unas bonitas vistas.

- ✉ Apollonos 31
- ☎ 226 508 3186
- 🕓 Diario, comidas y cenas

Comer en El Pireo

El Pireo es conocido por las *psarotabernes* de Mikrolimano y Aktí Themistokleous, establecimientos donde venden el pescado al peso.

Meat and Salad (E)
Una especie de restaurante fast-food pero de comida griega. Es económico, son rápidos y los platos son bastante abundantes. Amplia selección de ensaladas. No dejes de probar el delicioso queso feta.
✉ Tsamadou 71-73
☎ 210 417 6894

Porto Grill Piraeus (E)
Restaurante muy bien ubicado cerca del puerto. Comida griega muy sabrosa, porciones generosas, precio razonable y atención amable. Los pinchos de cerdo no defraudan.
✉ Akti Possidonos, 30
☎ 210 411 4440

Barbadimos Piraeus (M)
Está situado a muy poca distancia de la terminal de cruceros, ofrece comida tradicional griega. Las raciones son sabrosas y generosas. Tienen buen queso feta y deliciosos kebabs.

✉ Georgiou Theotoki, 2
☎ 210 452 8500
🌐 www.barbadimos.gr

Stoa Kouvelou (E-M)
El local dispone de mesas situadas en un bonito patio interior. Cocina griega y pescados. Agradable. Productos frescos. *Mezedes*. Recomendable.
✉ Karaoli Dimitriou, 5
☎ 693 657 6471
🌐 www.rakadiko.gr

Margaró (M)
Una de las *psarotabernes* más conocidas de El Pireo. Cocina sencilla pero muy sabrosa. Cerrado domingo por la noche.
✉ Hatzikiriakou 126
☎ 210 451 4226

Corks & Forks (M-C)
Vistas de la marina. Buena cocina y excelente bodega de caldos griegos.
✉ Akti Themistokleous & Pargas, 1.
☎ 215 515 9792

Jimmy and the Fish (C)
Carta con pescado y ensaladas. Excelente pulpo a la brasa y pasta con langosta. De los mejores de la zona.
✉ Aktí Koumoundourou 46
☎ 210 412 4417

En Mikrolimano

Papaioannou (C)
Taberna de pescado con un toque de alta cocina. Pasta con marisco.
✉ Akti Koumoundourou 42
☎ 210 422 5059
🌐 ww.papaioannou-restaurant.gr

Varoulko Seaside (C)
Restaurante en el puerto de Mikrolimano. Con estrella Michelín. El mejor pescado y marisco. Cocina mediterránea con un excelente servicio y una gran bodega. A mediodía posibilidad de menú, mucho más asequible.
✉ Akti Koumoundourou, 54
☎ 210 522 8400
🌐 www.varoulko.gr

Gargadouas (M)
Este es uno de los restaurantes que más dedicación tiene al pescado fresco, los calamares y mejillones, pero ofrece también un sabroso pastel de cordero y platos vegetarianos.

✉ Dimou Fragkou 12
☎ 226 508 3074
⏱ Diario, comidas y cenas

Meteora

Taverna Gardenia (M)
Es un restaurante familiar ideal para comer o cenar después de visitar los monasterios de Meteora. No admiten tarjetas.

✉ Cerca de la iglesia de Kastraki, Kalambaka
☎ 697 270 0698

Islas

Hidra
Además de los bares y restaurantes que están alrededor del puerto pensados para turistas, hay otros cuidadosos con el menú y un servicio que merecen la pena. Por la línea de la costa hacia poniente hay terrazas para picar algo. Y si se tiene prisa, siempre se puede tomar un tentempié en

Isalos, que tiene un café excelente.

Hydronetta (M)
Ubicado en uno de los emplazamientos más privilegiados de la costa de Hidra. Increíbles puestas de sol, aunque los precios son excesivamente caros para lo que se ofrece si lo que pretendemos es comer o cenar.

✉ Boudouri
☎ 229 805 4160

Xeri Elia (E)
Esta taberna tradicional con terraza ofrece cocina sencilla pero bien preparada con platos a base de berenjenas, pollo especiado y pinchos de carne. El servicio es cordial y los menús económicos.

✉ Saliendo de la Plaza Mayor
☎ 229 805 2886

Egina
Maridaki (M)
Es una cafetería-restaurante que está situada frente al mar y que está repleta de gente en temporada alta de vacaciones. A mediodía está bien para picar *mezdes*. Prepara cenas económicas a base de ensaladas y tortillas, algo más caras con pulpo a la parrilla o musaca y aún

más caras si elegís pescado del día.

✉ Dimokratias 48
☎ 229 702 3203
⏱ Diario, todo el día
🖥 www.maridaki.gr

Kostas (E)
Si se llega hasta Ágia Marina para visitar el Templo de Aphaia, lo mejor es buscar esta taberna que tiene un bonito jardín, cerca de la playa. Ofrece un menú estándar aunque bien preparado.

✉ Ágia Marina. Alones
☎ 229 703 2424
⏱ Cerrado en invierno

Póros
Caravella (E)
Taberna que sirve un menú de cocina griega tradicional muy buena y con agradable servicio. A menudo está abarrotada y es muy ruidosa, pero suelen admitir comensales tarde, hasta las 15 h.

✉ Paralia
☎ 229 802 3666

Spetses
On the Verandah (E)
El mejor restaurante de Spétses, galardonado en diversas ocasiones, ofrece cocina creativa contemporánea maridada con ingredientes y tradiciones locales. Lo mejor, el brunch del domingo.

✉ Dapia, Plaza Poseidonion, 180 50
☎ 229 807 4553
🖥 www.poseidonion.com/en

Exedra (M-C)
Es uno de los mejores restaurantes de Spetses. Tiene fama de preparar el pescado y marisco muy sabrosos y con estilo propio. El menú incluye platos vegetarianos.

✉ Puerto Viejo
☎ 229 807 3497
⏱ Diario, comidas y cenas. Reservar por la noche

Impuestos y propinas

Los precios en Grecia están regulados por la Policía Turística, así que no suele haber casos de abusos hacia los turistas. En algunos locales veréis dos listas de precios, una con impuestos y otra sin ellos. Lo normal es que estén incluidos en el precio final. Es costumbre dejar algo de propina.

▍Alojamientos

ATENAS

Athens Hub Hostel (E)

Situado en el barrio de Psi-rri, muy cerca de Monasti-raki. Tiene Wi-Fi gratuito y aire acondicionado.

- ✉ Agias Eleousis 7
- ☎ 210 325 4754
- 🌐 www.athenshubhostel.com

Mosaikon Hostel (E)

Cerca de la plaza Síntag-ma, este alojamiento dis-pone de habitaciones con baño privado.

- ✉ Kolokotroni 61
- ☎ 210 323 5000
- 🌐 www.mosaikon.gr

The Gem society Boutique Hotel & Spa (C)

Lujo eficiente combinado con el confort absoluto en pleno centro de Atenas.

- ✉ Aristeidou 3
- ☎ 210 220 7777
- 🌐 www.thegemsocietyhotel. com

Days City Suites (M)

Hotel muy céntrico, con unas magníficas vistas a la Acrópolis. Tan solo tiene 16 habitaciones.

- ✉ Orfeos 38
- ☎ 211 001 5021
- 🌐 www.athens.days.gr

Precios

E: económico. Hasta 45 €
E-M: económico-medio. 45-60 €
M: medio: 60-90 €
M-C: medio-caro. 90-105 €
C: caro. 150-250 €
L: lujo. Más de 250 €
Estos precios son aproximados e incluyen una noche en habitación doble.

Gatsby Athens (L)

Hotel boutique junto a la plaza Síntagma. Dispone de gimnasio, spa y azotea solo para clientes.

- ✉ Lekka Str. 18
- ☎ 210 321 6001
- 🌐 www.gatsbyathens.com

Chameleon Youth Hostel (E)

Una antigua edificación en el centro. Dormitorios típicos de hostal. Cerca del metro de Thissio.

- ✉ Nileos, 25
- ☎ 210 342 8053
- 🌐 www.hotelswebgr.com/ chameleon-youth-hostel/

Hotel Orion (E)

Del mismo propietario que su vecino Dryades, este es más sencillo, menos cuida-do y, por tanto, más bara-to, pero aceptable si no se quiere gastar mucho. Con toda la animación juvenil del barrio de Exarchia, aunque ambos hoteles es-tán lejos del metro.

- ✉ Emmanuel Benaki 105
- ☎ 210 330 2387
- 🚇 Metro Omonia
- 🌐 www.orion-dryades.com

Student's Travellers' Inn (E)

Situado en una de las ca-lles centrales de Plaka, es un animado albergue juve-nil con habitaciones para tres o cuatro personas. En estas últimas hacen el 10 por ciento de descuento si se presenta el carné inter-nacional de estudiante. El baño es compartido.

- ✉ Kydathineon 16
- ☎ 210 324 4808
- 🚇 Metro Monastiraki
- 🌐 www.studenttravellersinn. com

Tempi (E)

Un hotelito situado en las proximidades de la plaza Monastiraki, muy céntrico, limpio y de trato agradable. Como es económico está lleno de gente joven, incluso estudiantes. Tiene algunas habitaciones con ducha.

- ✉ Eolou 29
- ☎ 210 321 3175
- 🚇 Metro Monastiraki
- 🌐 www.tempihotel.gr

City Circus (E-M)

Excelente *hostal-boutique* en el barrio de Psirí, en una mansión de principios del siglo XX de cuatro pisos, y restaurado con mucho gusto. Diseño moderno y retro, arte urbano y frescos en los techos.

- ✉ Sarri, 16
- ☎ 213 023 7244
- 🌐 www.citycircus.gr

Exarchion (E-M)

Junto a la plaza de Exarchia, en el barrio estudiantil del mismo nombre y cerca del Museo Nacional de Arqueología. Habitaciones con baño, aire acondicionado y algunas con balcón. Es ruidoso por las noches.

- ✉ Themistokleous 55
- ☎ 210 380 0731
- Ⓜ Metro Omonia
- 🌐 ww.exarchion.com

Hotel Dryades (E-M)

Junto a la colina Lofos Strefi. Un poco alejado, pero tranquilo y agradable. Sus 6 habitaciones, con televisión y aire acondicionado, están revestidas de madera, son amplias y están muy limpias. Desde sus balconcillos se ve la lejana Acrópolis. Dispone de una cocina común donde se puede preparar algo para comer.

- ✉ Driadon 4
- ☎ 210 330 2387
- Ⓜ Metro Omonia
- 🌐 www.orion-dryades.com

Live in Athens (E-M)

Localización envidiable. Cerca de todo y en un barrio estupendo. Son 11 apartamentos con cocina y todas las comodidades. Decoradas con muy buen gusto. Una de las mejores opciones y en un fantástico emplazamiento.

- ✉ Psirí
- ☎ 211 401 0924
- 🌐 www.liveinathens.net

Marble House Pension (E-M)

Cerca de la ladera sur de la Acrópolis. Es un establecimiento pequeño y agradable cuyos propietarios son atentos y serviciales. Tiene algunas habitaciones con baño, otras con balcón y aire acondicionado.

- ✉ Zinni 35a, Koukaki
- ☎ 210 923 4058
- 🌐 www.marblehouse.gr

Attalos (M)

Está en la calle del Mercado Central, en una zona transitada y muy cerca de Psirí, Plaka y el mercadillo y metro de Monastiraki. Lo mejor, las vistas desde el bar de la azotea, una de las mejores de Atenas.

- ✉ Athinas 29
- ☎ 210 321 2801
- Ⓜ Metro Monastiraki
- 🌐 www.attaloshotel.com

Carolina (M)

Está ubicado en un lugar estratégico muy cerca de Monastiraki y del metro. Las habitaciones son limpias y confortables y el precio es razonable.

- ✉ Kolokotroni 55
- ☎ 210 324 3551
- Ⓜ Metro Monastiraki
- 🌐 www.hotelcarolina.gr

Hotel Byron (M)

Se trata de un hotelito pequeño, confortable y a buen precio, bien remodelado y con conexión Wi-Fi. Tiene unas habitaciones luminosas con pequeñas terrazas que dan directamente a la cara norte de la Acrópolis y ofrecen una magnífica vista del Partenón. Está muy cerca de la estación de metro de Akropoli y al comienzo del paseo peatonal que rodea la Roca Sagrada.

- ✉ Vyronos 19
- ☎ 210 323 0327
- Ⓜ Metro Akropoli
- 🌐 www.hotel-byron.gr

Katerina (M)

Ubicado en la zona de Gazi, en la plaza Karaiskaki, es un hotel muy agradable, no lejos del Ágora y Monastiraki. Sus habitaciones son pequeñas y sencillas, pero muy luminosas. Dis-

---

Alojamientos en Atenas

Lo más aconsejable es buscar alojamiento en Plaka o Monastiraki. Tienen hoteles pequeños, económicos, resultan muy cómodos para ir y volver y por la noche son muy tranquilos. En la zona de Síntagma, por el contrario, están los hoteles clásicos y en Monastiraki los más caros. Solo en los aledaños de Ermou se pueden encontrar establecimientos tipo hostal. En la zona de Omonia muchos alojamientos desvencijados han sido transformados en hoteles boutique, pero el barrio no es muy atractivo y queda lejos de todo. También tiene plazas baratas tipo pensión, generalmente bastante sórdidos y con una ducha por piso. Quienes tengan presupuestos ajustados hallarán pequeños hoteles, limpios y con cierto encanto, en los alrededores del Mercado Central, por Athina. El ambiente estará asegurado. También Koukaki, al sur de la Acrópolis, un área tranquila desde la que se puede ir andando a los grandes yacimientos arqueológicos, los restaurantes de Plaka y la zona comercial de Monastiraki.

Para los que no quieran quedarse en el centro de la ciudad tienen el elegante barrio de Kifisia, al norte (se accede en metro) con preciosos hoteles de diseño y mucha tranquilidad como **Yes! Hotels** (www.yeshotels.gr)

Al sur, en la costa de Glyfada, se puede encontrar alojamiento no muy caro junto al mar.

Dormir en El Pireo

Realmente no hay ninguna ventaja en quedarse a dormir en El Pireo, salvo las vistas al mar. Lo que sí conviene es evitar los alojamientos baratos del puerto, donde el agitado trasiego nocturno no es muy aconsejable. Un hotel a destacar, de precio medio-alto es el **Cavo d'Oro** (www.hotelcavodoro.gr, telf. 210 411 3744). Se ubica en la calle Vasileos Pavlou y tiene excelentes vistas en las habitaciones superiores. El **Ideal** (M) (www.ideal-hotel.gr, telf. 210 429 4050) está cerca de las salidas de los ferris. Las habitaciones tienen baño y aire acondicionado. Está en la calle Notara 142. El **Lilia** (M) (www.liliahotel.gr, telf. 210 417 9108), por su parte, es un poco más caro que el Ideal, pero más agradable al estar algo alejado del ruido del puerto. Se encuentra en la calle Zeas, 131, cerca del Zea Marina, de donde parten acuaplanos y catamaranes hacia varios destinos.

ponen de aire acondicionado, aunque casi todas tienen que compartir cuarto de baño (pero no ducha).
- ✉ Karolou 20
- ☎ 210 522 6115
- 🖰 www.hotel-katerina.com

Pella Inn (M)

Sencillo y familiar. Está en la calle Ermou, al lado del rastro dominical de Monastiraki y la zona de restaurantes. La impresionante vista de día y de noche es fantástica. Hay habitaciones con tres y cuatro camas, pero solo las dobles tienen baño propio.
- ✉ Ermoú 104 y Karaiskaki 1
- ☎ 210 325 0598
- 🚇 Metro Monastiraki
- 🖰 www.pellainn.com

Acropolis House (M-C)

Ubicado en una mansión decimonónica del centro de Plaka. Conserva su estilo original: techos altos con frescos y muebles antiguos. Ajustado de precio, aunque varía según el tipo de habitación. No todas las habitaciones tienen baño.
- ✉ Kodrou 6-8
- ☎ 210 322 2344
- 🖰 www.acropolishouse.gr

Hotel Adonis (M-C)

Es de los más baratos y mejor equipados, por lo que resulta difícil encontrar habitación libre a menos que se reserve con un mes de antelación. Está en el corazón de Plaka y aunque durante el día hay mucho bullicio, por la noche es muy tranquilo. No tiene aire acondicionado en todas las habitaciones.
- ✉ Kodrou 3
- ☎ 210 324 9737
- 🖰 www.hotel-adonis.gr

Hotel Athos (M-C)

Es de los mejores de su categoría, reformado recientemente. Entre las calles Apolonos y Mitropoleos. Las habitaciones superiores son más amplias, ofreciendo así mayor comodidad, y cuentan con balcón privado con hermosas vistas a la Acrópolis. El jardín de la azotea, ubicada en la 6ª planta del hotel, es el lugar perfecto para tomar una copa o un café mientras disfruta de las vistas panorámicas de la Acrópolis.
- ✉ Patroou 3
- ☎ 210 322 1977
- 🖰 www.athoshotel.gr

Odeon (E-M)

Ubicado en el barrio de moda de Psirí, junto a la Vía Sacra que iba del Partenón a Eleusis. Reformado, sus habitaciones tienen baño y aire acondicionado.
- ✉ Pireos 42
- ☎ 210 523 9200

Acropolis View (M-C)

Está situado en la ladera sur de la Acrópolis lo que implica unas vistas maravillosas. Habitaciones con baño y aire acondicionado. Zona tranquila.
- ✉ Webster 10
- ☎ 210 921 7303
- 🚌 Autobús del aeropuerto
- 🖰 www.acropolisviewhotel.gr

Fresh Hotel (M-C)

Hotel boutique de diseño, con una terraza espectacular con piscina y bar-restaurante. Colorista, urbanita, minimalista y ultracómodo. Lo mejor, el barrio y el lounge bar en la terraza.
- ✉ Sophocleous, 26 & Klisthenous
- ☎ 210 524 8511
- 🖰 www.freshhotel.gr

Plaka (M-C)

Un hotel elegante, moderno y luminoso. Muy bien localizado para la zona de Mitropoleos y las tabernas junto a la Acrópolis. Algunas habitaciones tienen vistas al Partenón. El jardín de la azotea ofrece una panorámica fantástica.
- ✉ Kapnikareas 7
- ☎ 210 322 2706
- 🚇 Metro Monastiraki
- 🖰 www.plakahotel.gr

Philippos (C)

Es un buen hotel de nivel medio que está situado en el barrio de Makriyanni, al

sur de la Acrópolis. Todas las habitaciones tienen baño y aire acondicionado.. No queda lejos del paseo peatonal que rodea la Acrópolis.

- ✉ Mitseon 3
- ☎ 210 922 3611
- 🚌 Autobús del aeropuerto
- 🌐 www.philipposhotel.gr

Titania (C)

Es uno de los más conocidos de Atenas. No es muy caro para su categoría y tiene un excelente servicio. Está entre Omonia y Síntagma, cerca de Plaka y el Museo Nacional de Arqueología. Las habitaciones están bien equipadas y tiene bar-restaurante en la azotea con vistas a la Acrópolis. Aparcamiento.

- ✉ Panepistimiou 52
- ☎ 210 332 6000
- 🚇 Metro Omonia y Síntagma
- 🌐 www.titania.gr

Andromeda Athens (C)

Hotel de lujo orientado al mundo de los negocios. Está ubicado en una calle tranquila que se encuentra relativamente cerca del Templo de Zeus Olímpico. Dispone de ordenadores y Wi-Fi a disposición de los clientes.

- ✉ Timoleondos Vassou 15
- ☎ 210 640 0072
- 🌐 www.andromeda-suites.gr

Hotel Metropolis (M)

Hotel pequeño y sencillo pero de servicio atento situado en pleno Plaka. Habitaciones con las comodidades básicas. Algunas tienen terraza.

- ✉ Mitropoleos, 46
- ☎ 210 321 7469
- 🌐 www.hotelmetropolis.gr

A for Athens (C)

Es el hotel mejor ubicado de Atenas, con vistas espectaculares de la Acrópolis y de gran parte de la ciudad. Su desayuno es excelente, al igual que la gastronomía que se ofrece en su restaurante. Merece la pena tomar algo a media tarde y visitarlo aunque no se pernocte para disfrutar de sus vistas.

- ✉ Miaouli, 2-4
- ☎ 210 324 4244
- 🌐 www.aforathens.com

Ava Hotel & Suites (C)

En el centro histórico, en la bonita zona de Plaka. Lujo y confort. Magníficas vistas de la Acrópolis, Arco de Adrián o Templo de Zeus.

Todas las comodidades de un hotel de categoría.

- ✉ Lysikratous, 9-11
- ☎ 210 325 9000
- 🌐 www.avahotel.gr

O&B Athens Boutique Hotel (C)

Habitaciones modernas con todas las comodidades. Grandes vistas. Céntrico. Muy cuidado hasta el último detalle.

- ✉ Leokoriou, 7
- ☎ 210 331 2940
- 🌐 www.oandbhotel.com

360 Degrees Hotel (C)

Modernos apartamentos y habitaciones. En pleno Monastiraki. Muy buena opción. Gran servicio. Quizás algo ruidoso pero con una terraza con bar en la azotea con unas vistas que compensan.

- ✉ Plaza Monastiraki
- ☎ 210 324 0034
- 🌐 www.360hotelathens.com

Pallas Athena (C)

Un hotel muy particular, con habitaciones diferentes, con estilos decorativos modernos, incluso para niños *(family graffiti guestroom)* que mezclan el arte y las comodidades de un hospedaje de lujo. Elegante y bien situado.

Una opción muy sugerente: lujo, calidad y arte. Una experiencia singular.
- ✉ Athinas, 65. Plaza Kotzia
- ☎ 210 325 0900
- 🖰 www.grecotel
  pallasathena.com

Radisson Blu Park Hotel (C)
Fuera del centro histórico, pero bien situado. Todas las comodidades. Hotel urbano pero con vistas al parque y de espaldas a Exarchia.
- ✉ Alexandras, 10
- ☎ 210 889 4500
- 🖰 www.radissonhotels.com

Athens Was (C)
Hotel de diseño muy céntrico. Habitaciones con una mezcla de vanguardia y clasicismo de lujo. Equipado con todas las comodidades y situado en una céntrica calle llena de restaurantes, cerca de la Acrópolis.
- ✉ Dionysiou
  Areopagitaou, 5
- ☎ 210 924 9954
- 🖰 www.athenswas.gr

Electra Palace (L)
Auténtico lujo en el corazón de Plaka, con piscina en la azotea y vistas a la Acrópolis. Habitaciones espaciosas y modernas con aire acondicionado y todo tipo de comodidades.
- ✉ Nikodimou 18
- ☎ 210 337 0000
- 🚌 Autobús del aeropuerto
- 🖰 www.electrahotels.gr

Grande Bretagne (L)
Es el hotel más famoso de Atenas, en el que se han hospedado políticos, escritores, artistas y millonarios famosos. Su fachada blanca da a la plaza Síntagma y es inconfundible. El interior es de mármol, tiene piscina, restaurantes en la azotea, espléndidas vistas y un servicio impecable. Por supuesto, es carísimo.

- ✉ Plateia Síntagma
- ☎ 210 333 0000
- 🚇 Metro Síntagma
- 🖰 www.marriott.com

MET34 Athens (L)
No existe en todo Atenas un hotel más lujoso que este. Este hotel boutique lo tiene todo: ubicación céntrica pero alejada del bullicio, servicio, clase, estilo, un increíble desayuno. La habitación es un apartamento con cocina americana donde cabe una familia al completo.
- ✉ Petraki, 9
- ☎ 210 325 5433
- 🖰 www.met34.com

ALREDEDORES

Los alrededores de Atenas tienen hoteles económicos, así como una nutrida red de campings. La costa del golfo Sarónico hasta el cabo Sunion tiene enclaves cosmopolitas con restaurantes y discotecas de alto nivel. En la costa este hay magníficas playas y también tabernas tradicionales.

Cabo Sunion

Aegeon (M-C)
Excelente situación para disfrutar de las playas y la bahía de Sunion y contemplar las distintas luces sobre las ruinas de su templo.
- 🚗 Km 68 de la
  ctra. Sounion
- ☎ 229 203 9200
- 🚌 Autobús a Sounion
- 🖰 www.aegeon-hotel.com

Peloponeso

King Othon Boutique (E)
12 habitaciones sencillas y baratas, algunas con ventana hacia el patio donde se sirve el desayuno.
- ✉ Farmakopoulon 4
- ☎ 275 202 7585
- 🖰 www.kingothon.gr

Byron (M)
Tiene su entrada en una callejuela frente a la iglesia de Ágios Spyridon. Se respira un ambiente íntimo y mucha personalidad. Cuenta con 13 habitaciones, todas con baño y aire acondicionado.
- ✉ Kapodistroiou, 20
- ☎ 275 202 2351
- 🖰 www.byronhotel.gr

Delfos

Varonos (E)
Toda una opción para los que viajen con presupuestos ajustados. Habitaciones muy sencillas pero con espléndidas vistas.
- ✉ Pavlou y Frederikis 25
- ☎ 226 508 2345
- 🖰 www.hotel-delphi.gr

Olympic (M)
Establecimiento amueblado y con vistas impresionantes. Tiene 25 habitaciones con baño. Cerca de los mejores restaurantes de Delfos.
- ✉ Frederikis 57 /
  Kingpol 53
- ☎ 226 508 2793
- 🖰 www.olympic-hotel.gr

Meteora

Dellas Boutique Hotel (M)
Su ubicación es magnífica, a medio camino entre Kalambaca y Kastraki. Algunas habitaciones tienen vistas a un precioso valle.

Campings en cabo Sunion

La zona del cabo Sunion tiene una oferta muy variada. El más recomendable es: **Camping Bacchus**, situado al lado de la playa, km 60, ctra. Atenas (telf. 229 203 9571; www.campingbacchus.gr).

Habitaciones grandes, cómodas y bien decoradas.
- ✉ Kastrakiou Kastraki, Kalambaka 422
- ☎ 243 207 8260
- 🌐 www.dellasboutiquehotel.com

Costa Este

Golden Coast (M-C)
Resort de vacaciones. Puede ser una opción de primera clase para quienes quieran estar cerca de Atenas pero fuera de la ciudad y en un entorno relajado de playa. Ofrece un gran número de habitaciones, restaurantes y varias piscinas.
- ✉ Marathónas Beach
- ☎ 229 411 3000
- 🌐 www.goldencoast.gr

Las islas

Hydra Bratsera (C)
Decorado al estilo de la isla. Piscina y jardín. Se encuentra cerca del puerto principal. Reformado.
- ✉ Tombazi
- ☎ 229 805 3971
- 🌐 www.bratserahotel.com

Egina Aeginitiko Archontiko (M)
Hotel ubicado en una antigua mansión construida en 1820 y restaurada.
- ✉ Ag. Nikolaou / Thomaidou, 1
- ☎ 229 702 4968

Poros
Hotel 7 Brothers (E)
Está en una pequeña plaza frente al mar. Recientemente remodelado, pequeño hotel familiar con habitaciones totalmente equipadas con balcón y magníficas vistas.
- ✉ calle principal, Poros
- ☎ 229 802 3412
- 🌐 www.7brothers.gr

Rafina
Hotel Avra (C)
El mejor hotel de la ciudad. Algunas habitaciones tienen vistas al mar; todas tienen baño y aire acondicionado.
- ✉ Arafinidou Alon, 3 Rafina
- ☎ 229 402 2780
- 🌐 www.hotelavra.gr

Spétses
Poseidonion (C)
Cualquier viajero romántico disfrutaría de una estancia en este encantador hotel, con vistas al puerto y al continente.
- ✉ Dapia
- ☎ 229 807 4553
- 🌐 www.poseidonion.com

∎ Ir de compras

Atenas es un paraíso para el viajero con ganas de comprar cosas típicas para llevarse de recuerdo y que no cuesten mucho dinero. Grecia tiene también muy buena joyería y el oro suele ser más barato que en España.

Síntagma y Omonia son las zonas más comerciales de la ciudad. De la plaza Síntagma parte la calle Ermou, que llega hasta Monastiraki y concentra numerosas tiendas de ropa y zapaterías. En Monastiraki está el mercadillo más concurrido de ropa barata y bisutería los domingos.

Mercados y bazares

Mercado Central de Atenas (Kentrikí Agorá)

Conocido también como Ágora Varvakios, es una delicia deambular entre los puestos con todas las variedades gastronómicas del país y el colorido de los mercados otomanos. En el edificio se encuentra el mercado de la carne.

✉ Athinas (entre Sofokleus y Evripidou)
🕐 Lunes a sábado de 7 h a 15 h

Mercadillo de Monastiraki

Es el rastro de Atenas. La oferta es variopinta, desde botas y uniformes militares a discos de vinilo o antigüedades. Los cafés y restaurantes se llenan de gente y el ambiente es festivo, con música callejera.

✉ Monastiraki
🕐 A diario. Puestos de 8 de la mañana a 20 h; tiendas cierran a las 15 h.

Mercadillo de Thisio

En este mercadillo se pueden encontrar verdaderas rarezas y gangas. Es el sitio adecuado para practicar el arte del regateo.

✉ Por la calle Ermou, de la entrada del Keramikós al parque de Thisio
🚇 Metro Thisio
🕐 Domingos de 6 a 14 h

Mercado Agrícola

Al pie de la colina de Strefi. Flanqueados por mansiones neoclásicas, los tenderetes que se montan ofrecen productos frescos y artículos para el hogar. Es una buena ocasión para ver de cerca la vida de barrio ateniense, tomando algo en uno de los animados cafés de la zona.

✉ Kalidromiou (Exarthia)
🚇 Metro Omonia
🕐 Sábados, de 6 a 14 h

Mercadillo del Pireo

Ajetreado mercadillo que tiene de todo, desde ropa barata a herramientas o accesorios. El bullicio recuerda los bazares turcos. También hay antigüedades y piezas de colección en las tiendas de los alrededores.

✉ Around Alipedou
🚇 Metro Piraeus
🕐 Domingos, de 7 a 14 h

Alimentación

Filodina Bakery

Panadería y pastelería. Ofrece docenas de tipos de pan. Elaboran sus productos de forma artesanal, incluyendo hojaldres, helados y postres.

✉ Sirinon 38, Paleo Faliro
☎ 210 985 3604

Slim Bites

Dispone de mesas para degustar sus dulces he-

Qué comprar

En Atenas hay gran oferta para las réplicas de museos e iconos modernos, pero también se pueden encontrar otras cosas sin necesidad de salirse del presupuesto, como por ejemplo *flokati* (alfombras de lana hechas a mano), *kombolói* (los típicos rosarios ortodoxos), encajes, cazuelitas de cobre con mango largo para preparar el café griego, artículos de piel a muy buen precio y, por supuesto, cerámica y licores como el *ouzo* y el *metaxa* (anís y coñac).

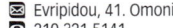

chos a mano junto a un chocolate artesanal o un café gourmet.

✉ Patriarcaou Ioakeim 37
☎ 210 722 4757
🖥 www.slimbites.gr

Aristokratikon

Los amantes del chocolate y el turrón disfrutarán con el despliegue de bombones artesanos de esta tienda en la zona de Síntagma.

✉ Karageorgi Servias 9
☎ 210 322 0546
Ⓜ Metro Síntagma
🖥 www.aristokratikon.com

Asimakopouli

Los griegos son especialistas en pasteles de frutos secos mezclados con miel, de los que hay multitud de variedades.

✉ Charilaou Trikoupi 82
☎ 210 361 0092
🖥 www.asimakopouloi.com

Bahar

Tienda especializada en especias y hierbas tanto para uso culinario como en medicina. Cerca del Mercado Central.

✉ Evripidou 31
☎ 210 321 7225

Brettos

Es una bodega de Plaka que se centra en licores de hierbas elaborados por ellos mismos. Dispone de una buena variedad de bebidas griegas populares, como *ouzo* y *metaxa*.

✉ Kydathinaion, 41
☎ 210 323 2110

Elixir

Una de las tiendas más bonitas de Evripidou. Llevan 90 años vendiendo hierbas, esencias, aceites, productos ecológicos, jabones, etc.

✉ Evripidou, 41. Omonia
☎ 210 321 5141
🖥 www.elixir.com.gr

Ellinika Kaloudia

Aceite de oliva, vinagre, miel, almizcle… entre otros muchos productos.

✉ Hadzichristou, 8. Acropolis
☎ 210 922 4060
🖥 www.ellinikakaloudia.gr

Retrosexual

Tienda claramente vintage. Objetos retro como lámparas, máquinas de escribir, teléfonos.

✉ Ag. Eirinis, 3
☎ 210 545 1553
🖥 www.retrosexual.gr

Remember

Tienda muy particular donde venden ropa de diseño con aire punk y retro. En un patio interior de la entrada hay unas increíbles esculturas del dueño de la tienda, que también es diseñador. Diseños raros, retro y punk.

✉ Adrianou, 79. Plaka
☎ 210 321 6409
🖥 www.rememberfashion.gr

Libros, periódicos y revistas

Lexikopoleio

Librería en Pagrati, cerca del estadio del Panatenaico y especializada en diccionarios y libros de idiomas. Cuenta con una buena colección de cómics, libros infantiles y volúmenes de literatura francesa, griega, inglesa, alemana y española, así como artículos de papelería y revistas de imprentas locales y extranjeras. Presentaciones y eventos literarios.

✉ Stasinou 13, Pagrati
☎ 210 723 1201

Booktique

Esta pequeña librería ubicada en Kolonaki ofrece una amplia colección de

El triángulo comercial (Emborikó trígono)

Entre las **plazas de Síntagma y Omonia** se encuentra
la zona más comercial de la ciudad. Desde Síntagma
podéis recorrer la calle Ermou, que llega hasta
Monastiraki, es peatonal y concentra muchas tiendas
de ropa y zapaterías. En **Panespistimiou** también
hay gran cantidad de comercio dedicado a la moda,
con bastante variedad de precios y diseños. La calle
Voukourestiou es famosa por sus joyerías, la mayoría
para bolsillos privilegiados. Después de los edificios
neoclásicos arrancan Haritaou Trikoupi, especializada
en zapatos, e Ipokratous, dedicada a los libros.
Llegando ya a Omonia, a mano izquierda, comienza
la calle **Eolu**, también peatonal y cuyos comercios
ofrecen ropa y calzado de precio más económico.

ediciones griegas y ex-
tranjeras interesantes, así
como diarios y accesorios,
juegos e incluso joyas mi-
nimalistas realizados por
artistas griegos.
- ✉ Patriarchou Ioakeim 21
- ☎ 210 723 5425

Música

Museo de Instrumentos Musicales Griegos

En la tienda venden gra-
baciones que abarcan
toda la tradición musical
de Grecia. Ofrece una va-
riedad de libros de música
y danza.
- ✉ Diogenous 1-3
- ☎ 210 325 0198

Recuerdos

The Loom

Tienda de regalos, especializada en alfombras.
- ✉ Adrianoy 94
- ☎ 210 323 8540

Olive Tree

Regalos fabricados con
madera de olivo.
- ✉ Adrianoy 67
- ☎ 210 322 2922

Ropa y calzado

Leather Sandals ans Bags

Tienda especializada en
cuero.
- ✉ Kapnikareas 10
- ☎ 210 321 3013
- 🖥 www.greek-leather-
  sandals.com

Stavros Melissinos

Esta tienda lleva creando
sandalias y poesía desde
la década de los sesenta.
- ✉ Pandrossou 89
- ☎ 210 321 9247
- 🖥 www.melissinos-poet.
  com/eng

Spiliopoulos

Tienda-bazar en la que
se pueden encontrar
verdaderas gangas entre
sus estantes y percheros
atestados de cazadoras,
chaquetas de piel, bolsos
y calzado de temporadas
pasadas. Tiene otra tienda
en Monastiraki.
- ✉ Ermou 63
- ☎ 210 322 7590
- Ⓜ Metro Síntagma

Tube

Es una tienda divertida y
desenfadada, al oeste del
barrio de Kolonaki pero
muy distinta a las bouti-
ques carísimas y estiradas
de la zona. Cuenta con una
gran variedad de artículos
de moda juvenil en una
zona emergente de tien-
das alternativas a precios
asequibles.
- ✉ Solonos 114
- ☎ 210 382 7706
- Ⓜ Metro Omonia

Zooms

Diseña prendas y acceso-
rios para mujeres y niños.
Les gustan los colores y la
telas de calidad. La pro-
ducción es limitada y es-
tá hecho a mano. Diseñan
vestuario de teatro.
- ✉ Mezonos 66
- ☎ 211 015 2599

Joyas y accesorios

Atenas tiene una larga tradición de orfebres y plate-
ros. Sus tiendas se ubican
alrededor de las calles Lekka y Praxitelous. Algunas
exponen piezas de plata
que echan para atrás. Sin
embargo, hay otras tiendas
pequeñas con una selec-
ción de mejor gusto. En la
calle peatonal de Voukoure-
tiou se encuentran las joyerías más famosas y caras.

Folli-Follie

Es una conocida cadena
griega de joyas y acceso-
rios pensados para el gran

público que ofrece un extenso surtido de relojes, bisutería, bolsos de piel y accesorios a la moda. Tiene tiendas repartidas por toda la ciudad, pero la mayor está situada en Ermou.

- ✉ Ermou 19
- ☎ 210 323 0601
- Ⓜ Metro Síntagma
- 🖳 www.follifollie.com

Zolotas
El famoso joyero Zolotas hace réplicas de piezas clásicas, tomadas de los museos atenienses, de las que tiene permiso exclusivo de copia desde 1972. Tiene otra joyería en Plaka (calle Pandrossou 8).

- ✉ Panepistimiou 10
- ☎ 210 360 1272
- Ⓜ Metro Síntagma
- 🖳 www.zolotasjewelry.com

Museo de Joyas Ilias Lalaounis
Copias de los trabajos de este diseñador de joyas en el museo dedicado a su obra. Se pueden encargar originales. La tienda del museo está en Panepistimiou 6.

- ✉ Karyatidon-Kallisperi 12
- ☎ 210 922 1044

Regateo

El regateo forma parte de la mentalidad ateniense y no está mal visto, aunque tampoco es la norma, como en los países musulmanes, aunque es cierto que se está perdiendo la costumbre y hay comerciantes que no lo aceptan. En las **tiendas de recuerdos** del barrio de Plaka, por ejemplo, no se debe aceptar el primer precio que dan, ni siquiera el *precio especial de amigo*. Hay que ofrecer la mitad y estar preparados, con paciencia y habilidad, para partir la diferencia. Sin mala conciencia, ellos nunca pierden.

- 🖳 www.lalaounis-jewelrymuseum.gr/en

George's Jewellery
Joyería en Plaka con un amplio surtido de joyas. Los anillos y los colgantes son su especialidad.

- ✉ Pandrosou 5
- ☎ 210 324 7896
- Ⓜ Metro Síntagma
- 🖳 ww.georgesjewellery.gr

Petai Petai
Sus expositores ofrecen una muestra de propuestas locales en diseño futurista.

- ✉ Skoufa 30
- ☎ 210 362 4315
- Ⓜ Metro Síntagma

Ir con niños

Recorrer la riqueza monumental de Atenas y visitar la ciudad en un viaje corto, puede resultar agotador para los niños, pero siempre se encuentra la manera de que ellos disfruten si se sabe combinar los ingredientes de los itinerarios.

Zona Arqueológica

Explorar la Acrópolis y caminar por el Ágora no representará ningún problema, porque es un agradable paseo que se hace a pie y está repleto de cosas atractivas y sitios de interés que pueden atraer la atención de los niños. A los más mayores les fascinarán las historias que se les contará, y los pequeños disfrutarán jugando por el inmenso parque. Se puede subir al **templo de Hefeisto** y el **cementerio del Keramikós**. En lo alto de la Acrópolis, hay una panorámica sensacional mientras los pequeños corretean entre las columnas del templo. La zona es

ideal para pasar una jornada entera, incluso hacer un pic-nic frente a la entrada de la Acrópolis, donde está la prisión de Sócrates, en una cueva con barrotes. Se puede subir al **monumento a Filopapo** o ir a las ruinas de la Asamblea.

Colina Licabeto

Además de la vista panorámica que ofrece la cima del monte, a los niños les entretendrá la subida en funicular. En los miradores de arriba hay catalejos de monedas para observar de cerca el paisaje. Hay que enseñarles dónde están las ruinas del templo de Zeus o el Partenón.

Jardines Nacionales (▶70)

Un paseo por el gran parque del centro de Atenas siempre es recomendable. Los niños disfrutarán en la zona de juegos o viendo los animales del pequeño zoo y

las tortugas y peces del estanque. En la biblioteca tienen juegos, libros vistosos y vídeos, depende de la edad y si los niños se defienden en inglés. La biblioteca cierra lunes y festivos.

Cambio de Guardia

Es una ceremonia que se celebra a diario, cada hora, a las puertas del Parlamento en la plaza Síntagma. Fascina tanto a los niños pequeños como a los mayores, por la marcialidad de los soldados con su peculiar atuendo. Atención porque los domingos es solo a las 11 de la mañana. Es una buena estación antes o después de dar un paseo por los Jardines Nacionales.

Paciencia con los niños

Como en España e Italia, los niños están integrados en la familia griega, por lo que en Atenas se tolera llevar a los más pequeños tanto a visitas culturales como a restaurantes. No habrá miradas de reprobación, sino una gran tolerancia, con muestras de cariño, porque los griegos, en general, adoran a los críos. Es una faceta más de su bondadosa naturaleza.

Parques de atracciones

En verano se instalan numerosos parques de atracciones itinerantes y cines al aire libre en distintas zonas de la ciudad. Consultad las guías de ocio para más información. Podéis hacer una excursión al barrio costero de Glyfada donde hay más zonas permanentes de ocio y juego. También los **Jardines Nacionales** y la **Colina Licabeto** disponen de parques infantiles.

Actividades

Junto al mar

Si se va en verano, una buena opción es reservar un hotel de la costa para tener playa. Si se tiene el alojamiento en la ciudad, lo mejor es coger un taxi por la mañana y pasar un agradable día de playa y baños en las cálidas aguas del Egeo. Como no está lejos, merece la pena y el viaje no es muy caro. Lugares como **Glyfada** están bien comunicados con el centro de la ciudad en autobús. La alternativa más barata es coger un autobús al aeropuerto y luego taxi. En la **playa de Astir** hay muchas actividades deportivas para entretener a la familia, además de tiendas y restaurantes. Los barrios de Varkiza, Voula y Vouliagmeni tienen playas.

Excursiones a las islas

Un magnífico día al aire libre –y una buena manera de cansar a los niños– es hacer una excursión a una o varias islas argo-sarónicas. Si se sale temprano, se puede ir en metro hasta El Pireo para después tomar el hidrodeslizador hacia Egina, Póros, Spétses o Hydra. Les encantará.

Teatro

El **Museo del Teatro Griego** cuenta con una vistosa exposición de objetos relacionados con el teatro, donde se puede ver desde escenografías, camerinos reproducidos a escala real y vestuario teatral. El periódico *The Hellenic Times* (en inglés) dispone de una sección infantil con información sobre sus actividades. *English Theatre Club* (telf. 694 575 1770) está orientado a niños que aprenden inglés, donde se invita a participar a los pequeños.

Compras

En Atenas hay numerosas tiendas que pueden resultar atractivas para los niños y cuya visita se puede alternar con las compras de los adultos. Entre ellas se pueden visitar, por ejemplo, librerías como **Lexikopoleio**, con una buena colección de comics.

Museo Helénico para los Niños

Aquí informan sobre el programa de actividades dedicadas a la infancia.
- Kydathinaíon 14
- 210 331 2995
- Sábados y Domingos de 11 h a 15 h. Viernes de 17 h a 20 h.
- www.hcm.gr

Museo de Instrumentos Musicales Griegos

Con auriculares para escuchar sonidos de diferentes instrumentos y vídeos que muestran el proceso de su construcción.
- Diogenous 1-3
- 210 325 0198
- Metro Monastiraki
- De miércoles a lunes de 08:30 h a 15:30 h. Martes cerrado

Museo Goulandris de Historia Natural

Sirve como excursión de medio día a Kifissia, al norte de la ciudad, y seguro que divierte a los niños.
- Levidou 13
- 210 801 5870
- Metro Kifisia
- De lunes a viernes de 9 h a 14:30 h. Sábados y domingos de 10 h a 15 h
- wwww.gnhm.gr/en

Planetario Fundacion Eugenides

Sugerentes recorridos en 3D por la galaxia así como películas, narradas en inglés.
- Leforos Syngrou 387
- 210 946 9600
- Syngrou-Fix
- De X a V de 17 h a 21 h. S y D de 9 h a 21 h. L y M cerrado
- ww.eef.edu.gr
- 8 € adultos y 5 € niños

Hay también un **zoológico** cerca del aeropuerto (www.atticapark.com) y un espacio de ocio para los más pequeños: **Allow! Fun Park** (www.allou.gr).

▮ Dónde divertirse

JUEGOS DE ESCAPISMO

The Mindtrap
Para equipos de 2 a 5 jugadores, con un tiempo de 60 minutos para escapar de: *Monster Hotel, El peluche perdido, La fábrica de chocolate, La morgue, Anubis...* Descubrir objetos, llaves, códigos y descifrar acertijos a tiempo es necesario para hallar la salida.
✉ Mitropoleos, 74
☎ 210 325 4850
🕓 www.themindtrap.com

MÚSICA

Atenas tiene una escena musical abundante, desde conciertos de música clásica, rock, folk, rap y hip-hop a clubs de jazz y *rembetika* en cualquier rincón de la ciudad. Las salas pequeñas suelen abrir de octubre a abril. Durante el **Festival de Verano** hay conciertos de acceso libre en el Ágora romana. Los amantes de la música tradicional griega, conocida como *laika*, encontrarán locales de todo tipo.

Gazarte
Espacio dedicado a la música en directo con una gran variedad de estilos en sus actuaciones.
✉ Voutadon 32-34
☎ 210 346 0347
🕓 www.gazarte.gr

Barrett
Cafetería, bar y espacio de exposiciones en el centro de Atenas. A partir de las 20:30h se puede disfrutar de sesiones de DJ's residentes.
✉ Protogenous 11
☎ 210 321 8373
🕓 www.barrett-athens.gr

Música clásica

Odeón Ático
Conciertos en verano, en el marco del Festival de Atenas.

Megaron
Programa ballet, ópera y música clásica, interpretada por la Orquesta Estatal de Atenas y otras orquestas.
✉ Vas. Sofias y Kokkali
☎ 210 728 2156
🕓 www.megaron.gr

Ópera Nacional Griega
Con sede en el Teatro Olympia, programa ópera y ballet de la compañía nacional.
✉ Akadimias 59
☎ 210 364 2540
🕓 www.oly.gr

Jazz

Half Note
Club con solera en Mets, al oeste del Estadio, con actuaciones de bandas internacionales. Para entendidos.
✉ Trivonianou 17
☎ 210 921 3310
🚇 Metro Monastiraki
🕓 www.halfnote.gr

Jazz in Jazz
Club aceptable en la zona elegante de Kolonaki, aunque algo caro. Los grupos que tocan en directo son buenos.
✉ Dinokratous 4 Kolonaki
🕓 www.oly.gr

Rock

An Club
Local subterráneo muy concurrido, con actuaciones muy seleccionadas de grupos extranjeros poco conocidos y bandas locales de calidad.

Información

Existe una **policía turística** que proporciona información y cuyo práctico cometido es solucionar los conflictos entre viajeros y empresas turísticas. Para información actualizada sobre las actividades culturales de la ciudad, están las guías de ocio en inglés *Athens Today* y *Scope Weekly*. Los semanarios *Athinórama* (www.athinorama. gr) y *Éxodos* informan de las actuaciones y direcciones de bares, restaurantes y locales de música.
En los hoteles suele haber información tanto de locales como ocio nocturno.
Para leer prensa española, francesa o inglesa, están los quioscos de la plaza Sintagma.

Rembetika

Es un tipo de música marginal surgida de la pobreza y el desarraigo, típicamente griega, que canta las penas de la vida y el amor como el fado portugués, el blues americano o ciertos palos del flamenco. Nació, como el jazz, en la década de 1920 cuando los inmigrantes griegos en Turquía se vieron forzados a volver a la patria y se instalaron en El Pireo. Sus tristes canciones otomanas se fusionaron con las tradicionales griegas, originando una música nostálgica que canta a la miseria y el desamor de los desheredados.

✉ Solomou 13-15
☎ 210 330 5056
🚇 Metro Omonia
🕐 Abre viernes y sábado
🌐 www.anclub.gr

Rembetika

Kavouras
Es un club animado con buenos músicos que tocan toda la noche.
✉ Themistokleus 64
☎ 210 383 8010
🚇 Metro Omonia
🕐 Cierra en agosto

Palia Markiza
Además de escuchar canciones populares también se pueden degustar platos y bebidas.

✉ Proklou 41
☎ 210 751 1888

Tabernas musicales

En Plaka hay tabernas que ofrecen con la cena música y danza tradicionales. El espectáculo suele empezar a las 22.30 h y dura hasta la medianoche.

Café Avissinia
Los fines de semana se convierte en un verdadero e interesante bar de música en directo.
✉ 7 Kynetou, Monastiraki
☎ 210 321 7047
🚇 Metro Lyssio
🌐 www.cafeavissinia.net

Perivoli Tou Ouranou
Es una de las tabernas con más solera de Plaka, por lo que a veces está llena.
✉ Lysikratous 19
☎ 210 323 5517
🚇 Metro Síntagma

Taverna Mostrou
Junto a la catedral, ofrece espectáculo de música y danza generalmente para grupos turísticos, en los que los camareros bailan *sirtaki*.
✉ Mnisikleous 22
☎ 210 322 5558
🚇 Metro Síntagma

Stamatopoulou Palia Plakiotiki Taverna
Local donde se mezclan los atenienses y foráneos para disfrutar juntos de la música griega.
✉ Lysiou 26
☎ 210 322 8722
🚇 Metro Plaka
🌐 www.stamatopoulostavern.gr

Karaokes

Ghost House
Un karaoke en el barrio de Psirí donde se celebran festivales, eventos y sesiones djs.
✉ Lepeniotou, 17 (Psirí)
☎ 694 555 7130
🌐 www.ghosthouse.gr

LGTB

Gazi es el principal barrio LGTB. La app y web www.travelgay.gr es ideal para conocer la ruta turística gay de Atenas.

Alexander Sauna
La mejor y más grande sauna gay de Atenas.
✉ Megalou Alexandrou, 134 con Iera Odos. Gazi
☎ 210 698 0282
🕐 De domingo a jueves de 17 h a 2 h. Viernes y sábado hasta las 6 h
🌐 www.alexandersauna.com

▌ Vida nocturna

Aunque no llegue al extremo de la noche española, durante los fines de semana, suele haber bastante vida nocturna en Atenas y en muchos locales, sobre todo los de *rembetika*, no cierran hasta muy tarde. El barrio de Psirí se ha convertido en una zona muy frecuentada por la noche, con bares vanguardistas y alternativos. Plaka se apaga hacia la una de la madrugada. Muchos locales nocturnos cobran una entrada que incluye la primera bebida; otros cobran una entrada casi simbólica para evitar que se ocupen las mesas sin consumir nada.

CINES AL AIRE LIBRE

Atenas tiene salas multicines en el centro y los barrios que lo rodean, que tienen una cartelera similar a la de otras capitales europeas. Generalmente se proyectan en versión original con subtítulos en griego, pero es preferible informarse con antelación. En verano aumenta la oferta cinematográfica con los cines al aire libre.

Riviera

Agradable cine al aire libre, en un jardín interior del barrio de Exarchia, que ofrece películas de estreno.

✉ Valtetsiou 46
☎ 210 384 4827
🚇 Metro Omonia

Thission

Otro cine al aire libre de la vieja escuela en un entorno ajardinado.

✉ Apostolou Pavlou 7
☎ 210 342 0864
🌐 cine-thisio.gr
🚇 Metro Thisío

Casino

Sobre la cima del monte Parnaso, a una hora de camino desde Atenas, se encuentra uno de los casinos más grandes de Europa. Se requiere vestimenta formal y documentación en regla.

Espectáculos de luz y sonido

La Acrópolis, siempre espléndida, aparece iluminada por la noche de manera espectacular. Desde la colina de las Musas, en el monumento de Filopapos es la vista más completa del conjunto. El Partenón, presente desde cualquier punto cardinal, se puede contemplar desde las terrazas de Monastiraki o el paseo de la Acrópolis. También están bien iluminados el templo de Hefaistos y las columnas del de Zeus, junto a la Puerta de Adriano, así como el Monumento a los Vientos o el Ágora romana, donde a menudo se organizan conciertos al aire libre en primavera y verano. El conjunto del Partenón tiene espectáculo propio de luz y sonido. Las fechas y horarios se pueden consultar en la entrada de la ladera sur.

Regency Casino Mont Parnes
- ✉ Parnithos
- 🎫 Entrada gratuita. Prohibida la entrada a menores de 21 años.
- ☎ 210 242 1234
- 🏠 www.athens.regencycasinos.gr

Festival de Atenas

Cada verano se celebra este festival que abarca música, danza, teatro, performance y conciertos que tienen lugar en distintos lugares de la ciudad como el teatro de Dyonisos, el Odeón de Herodes Atticus, la Biblioteca de Adriano o el Teatro Epídavros. Se puede acudir a ver y a escuchar en griego las clásicas tragedias de Esquilo o las comedias de Sófocles, en los mismos escenarios donde fueron estrenadas por primera vez. Las entradas y reservas pueden hacerse desde el hotel, o en la taquilla. También en la taquilla del Teatro Herodes Atticus, a partir de las 18 h, el día de la función. En la antigua Biblioteca de Adriano suelen ser gratis. Coincidiendo con este festival está el Festival Internacional de Jazz y Blues de Atenas.

Teatro

Junto a las salas más importantes, como el Teatro Nacional, existen muchos otros escenarios pequeños donde se programa teatro contemporáneo. La mayoría de las representaciones son en griego, pero siempre puede encontrarse alguna compañía de gira en inglés, español, francés o italiano.

Teatro Nacional

La dirección del Teatro Nacional programa obras en griego de dramaturgos internacionales, pero también tiene compañías extranjeras que actúan en su lengua. Lo más interesante para los españoles que no entienden griego son los montajes de ópera o ballet.
- ✉ Agiou Konstantinou 22
- ☎ 210 528 8100
- 🏠 www.n-t.gr

Dora Stratou Dance Theatre

Conocido teatro al aire libre, a los pies de la Colina de Philopapo, que colabora para mantener viva la danza tradicional griega y ofrece cada noche un espectáculo en verano.
- ✉ Choliou, 8
- ☎ 210 324 4395
- 🏠 www.grdance.org

Teatro Olympia

Sede de la Ópera Nacional Griega, programa ballet de compañías internacionales. Es uno de los grandes. Cerca de la Academia.
- ✉ Akadimias 59
- ☎ 210 364 2540
- 🏠 www.oly.gr

Fútbol

El fútbol es una obsesión en Grecia, comparable al baloncesto. Atenas tiene dos equipos: el *Panathinaikos*, cuyo estadio está en Leoforos Alexandras, al noreste de Lykavittós; y el *AEK*, del norte de la ciudad, aunque su estadio fue destruido. Su gran rival, el *Olympiakos* de El Pireo, su estadio es Karaiskaki, en Neo Faliro.

Teatro Pallas

Auditorio para grandes conciertos de rock, suele intercalar conciertos clásicos en su programación. Buena acústica y precios ajustados.

- ✉ Voukourestiou 5
- ☎ 210 321 3100
- 🖰 www.theatrikeskines.gr

Alpha

Espacio de teatro alternativo del barrio de Exarchia.

- ✉ Stournara 37
- ☎ 210 520 1828
- 🖰 www.alfatheater.gr

Terrazas

A for Athens

Vistas de la Acrópolis desde la terraza del sexto piso. Cócteles a 10-12 €. Ambiente relajado y joven.

- ✉ ArMiaouli, 2-4
- ☎ 210 324 4244
- 🖰 www.aforathens.com

360 Degrees

Otra de las terrazas de moda de Atenas, con unas vistas impresionantes.

- ✉ Monastiraki 105
- 🖰 www.360hotelathens.com

Bares

Brettos

Uno de los bares más bonitos de Atenas. Barricas y estanterías llenas de botellas de licor de distintos colores le dan un aspecto único. Licores de producción casera y de las mejores marcas.

- ✉ Kydathinaion, 41
- ☎ 210 323 2110

Barret

Excelente local para las noches de Psirí. Pinchan muy buena música: rock, indie, funk, soul, jazz, etc.

- ✉ Protogenous, 11. Psirí
- 🖰 www.barrett-athens.gr

Minnie The Moocher

Buena música, decoración retro y buenos cócteles.

Fundado en 1931. Decorado con aires de la época de la Prohibición. También ofrece cocina internacional y mediterránea.

- ✉ Tsakakalof, 6. Kolonaki
- ☎ 210 364 1686
- ⏲ Vier y sáb hasta las 5 h, entre semana hasta la 1 h
- 🍸 Cócteles desde 9 €

Mavros Gatos

Es un bar auténtico con mesitas en la calle y en una buena zona de Psirí. Ideal para tomar *raki, ouzo* o cerveza con los del barrio.

- ✉ Polemonos, 4
- ☎ 210 723 6903

Gazziview

Bar de cócteles en Gazi con grandes vistas.

- ✉ Iakhou, 22
- ☎ 693 698 7338

Six D.O.G.S

Desde fuera no se puede apreciar el espectacular patio interior en el que se abre este fantástico local. Ideal para disfrutar las noches en el centro. Ambiente selecto pero divertido. Ofrecen conciertos, exposiciones, sesiones de djs…

- ✉ Avramiotou 6-8, Monastiraki
- ☎ 697 180 0440
- 🖰 www.sixdogs.gr

Cantina social

Llama la atención que un bar tan pequeño, con una barra y poco más, atraiga tanta gente, tan diversa y que resulte tan divertido. En el interior de un patio de vecinos que por las noches se desborda de gente.

- ✉ Leokoriou 6-8, Psirri
- ☎ 210 325 1668

Clumsies

Agradable lugar de moda con varios espacios, muy concurrido y con animada barra.

- ✉ IPraxitelous, 30 Síntagma
- ☎ 210 323 2682
- 🖰 www.theclumsies.gr

Baba Au Rum

La mejor coctelería de Atenas con las combinaciones más insospechadas.

- ✉ Klitiou, 6 Monastiraki
- ☎ 211 710 9140
- 🖰 www.babaaurum.com

Alexandrino

Una de las mejores vinotecas de Atenas. En este acogedor espacio también sirven cócteles realizados con mucho mimo.

- ✉ Enmanuel Benaki, 69 Exarchia
- ☎ 210 381 0117

Sodade2

Buena música y diversión asegurada en un ambiente muy variopinto.

- ✉ Triptolemou, 10, Gazi
- ☎ 210 346 8657

Bios

Lugar vanguardista y alternativo con una terraza con buenas vistas.

- ✉ Pireos, 84
- ☎ 210 342 5335
- 🖰 www.pireos84.bios.gr

After hours

MG

Uno de los *afters* más conocidos de la ciudad. Con música rock. Se llena a partir de las 4 h.

- ✉ Ambelokipi, Soutsou 11. Plaza Mavili

The Seven Jokers

Abierto hasta el amanecer. Otro de los más famosos. Lleno de vida.

- ✉ Voulis 7, Síntagma
- ☎ 210 321 9225

Batman

No se llega si no es preguntando a un ateniense, porque no tiene nada visible, ni el nombre, ni un cartel o señal. Música folk griega y pop rock internacional.

- ✉ Vristhenis 40, Neos Kosmos
- ☎ 210 924 1585

Fiestas y celebraciones

Enero

Día 1: Día de Año Nuevo, fiesta nacional con tiendas y muchos bares cerrados, en el que los griegos celebran banquetes familiares y se intercambian regalos. Es también la **Festividad de San Basilio**, en la que se suele comer un bizcocho parecido al roscón español, con una moneda escondida dentro.

Día 6: Epifanía (Agía Theophanía). Fiesta nacional. Los popes bendicen las pilas bautismales y las aguas de ríos, lagos y mar. En El Pireo los jóvenes se zambullen en el mar para recuperar una cruz y ganar un año de buena suerte.

Febrero

Apokries: El Carnaval incluye 10 días de fiesta y jolgorio, aunque no se festeja tanto como en otros países. En la fiesta del jueves de Carnaval (Tsiknopempti) son típicas las barbacoas. El carnaval más famoso es el de Patrás.

Lunes de Cuaresma (Kathari Deftera) El "lunes limpio" termina el carnaval. Fiesta Nacional.

Marzo

Día 25. Día de la Independencia (Iméra Anexartisías). Se conmemora la rebelión contra la dominación turca con un gran desfile militar que desemboca en la plaza Síntagma e incluye discursos y una especie de verbena popular.

Abril

La **Pascua Ortodoxa** (Pasha), que igual que la católica puede caer en marzo o abril, es una

Festivales de verano

Es el mayor acontecimiento cultural de la ciudad. La sede principal es el anfiteatro del Odeón Ático, pero también se desarrolla en otros espacios. Las entradas se pueden comprar en la taquilla central de la calle Panepistimiou, cerca de Síntagma, donde también despachan entradas para el **Festival de Teatro de Epidauro** y otros actos musicales o teatrales. Durante el verano, de junio a septiembre, se programan conciertos al aire libre en el anfiteatro del monte Licabeto, en el **Festival Byron** que se celebra en las imponentes canteras antiguas y en el **Festival Petras** (telf. 210 501 2402) de Petropoli, al oeste de Atenas.

Festival de Atenas

🌐 www.hellenicfest.org
📍 Taquillas: Panepistimiou 39 y Stadio
telf. 322 1459, abiertas de lunes a sábado de 8.30 a 14 h y de 17 a 19 h; domingos de 10.30 a 13 h

fecha marcada en el calendario griego. Merece la pena entrar en las iglesias cargadas de iconos para ver los ritos y escuchar los cánticos de los popes. El Viernes Santo hay pequeñas procesiones con cirios y flores, pero es durante la medianoche del sábado cuando tienen lugar las celebraciones religiosas más importantes. El Domingo de Pascua se reúnen las familias y el país se paraliza.

Día 1: *Protapriliá* es un equivalente al Día de los Inocentes en España. Entre los griegos es tradición decir mentiras ese día.

Mayo

1 de mayo. Fiesta del Trabajo: al igual que en otros países, se convocan manifestaciones callejeras que convergen en la plaza Síntagma. Tras la crisis de 2010, suele haber altercados y cargas policiales. Puede ser un buen día para hacer un pícnic.

Festival Europeo de Jazz (www.europejazz.net). Desde su inicio en 2001, este festival de jazz ha ido creciendo y afianzando su fama entre los grupos de los países participantes. Ofrece conciertos gratuitos en el Technopolis de Gazi de 21 h a medianoche.

Junio

Comienza el **Festival de Atenas de verano** (ver recuadro).

Pentecostés (Fiesta del Espíritu Santo): siete semanas después de la Pascua, se celebra el Domingo y Lunes de Pentecostés. El lunes es festivo y suele haber desfiles y fiestas.

Día 24: en la noche de San Juan se hacen hogueras en las se queman las coronas hechas el primero de mayo.

Julio

Rockwave (www.rockwavefestival.gr) Reunión de bandas internacionales de rock en Terravibe, al norte de Atenas.

Festival Internacional de Danza de Atenas. Actuaciones de compañías griegas e internacionales en el Technopolis.

Durante julio y agosto se celebra la **Fiesta del Vino de Dafne**.

Agosto

Festival de la Luna Llena: con la primera luna llena de agosto, la Acrópolis abre hasta tarde y el Ágora romana ofrece actuaciones musicales.

Festividad de la Asunción: otro día para hacer pícnic o una excursión por las colinas de la Acrópolis, porque cierra casi todo. En ese día es mejor no intentar coger un barco a las islas o salir de la ciudad por carretera. Muchas personas tratan de pasar este día en sus pueblos, los barcos están llenos y hay grandes atascos.

Septiembre

Festival de Cine de Atenas (www.aiff.gr). Una muestra del cine independiente actual, griego y de otros países, que se celebra en cines al aire libre. Consultar cartelera en Atenas Plus o Atenas News.

Art Athina (www.aavirtual.gr). Feria anual de tres días en el gigantesco centro Hellexpo con galerías griegas e internacionales.

Octubre

Día del Óji (Día del No): Se celebra una fiesta nacional en honor a la contestación del General Metaxas a Mussolini cuando este le pidió, durante la Segunda Guerra Mundial,

Pascua Ortodoxa

No suele coincidir con la Semana Santa católica. Atención a quienes viajen en esa época, especialmente el sábado y domingo, porque es fiesta nacional y casi todo está cerrado o parado, incluidos los barcos que van a las islas. Si estáis en Pascua, acudid a las pequeñas iglesias de Plaka en las que hay procesiones y oficios nocturnos con gran recogimiento y cánticos. Podéis participar en el rito, que es una experiencia gratificante porque los popes entregan flores o velas a los asistentes para que las depositen en un altar central.

que dejara pasar sus tropas por territorio griego y el general respondió con una sola palabra: 'Óji' (No). La plaza Síntagma es el centro de las celebraciones aunque hay desfiles por toda la ciudad.

Noviembre

Maratón de Atenas (www.athensauthenticmarathon.gr): Los participantes tienen la oportunidad de recorrer el itinerario original, desde el campo de batalla de Maratón hasta el estadio Panatenaico.

Diciembre

Navidad. Hay celebraciones en la Plateia Kotzia en Omonia y otras plazas. En Síntagma se organiza un concierto al aire libre el día de Nochevieja.

Información práctica

▌ Embajadas y Consulados

Embajada de España en Grecia

✉ Dionissiou Areopagitou, 21. Atenas 11742

☎ 210 921 31 23

🖥 www.exteriores. gob.es/embajadas/ atenas

✉ emb.atenas@maec. es

Embajada de Grecia en España

✉ Dr. Arce, 24. Madrid 28002

☎ 91 564 46 53

🖥 www.mfa.gr/spain/ es

Consulado de Grecia en Valencia

✉ Cotanda, 2 46002 Valencia

☎ 608 024 932

▌ Atenas en Internet

Ministerio de Cultura griego: www.odysseus. culture.gr, con información sobre museos y sitios arqueológicos.
Ayuntamiento Atenas: www.cityofathens. gr.

ANTES DE PARTIR

▌ Documentación necesaria

Grecia es un país miembro de la Unión Europea, así que para viajar a Atenas solo es necesario tener en vigor el **Documento Nacional de Identidad** o el **pasaporte**. En el año 1999 Grecia se sumó a los acuerdos de Schengen, que permiten la libre circulación de ciudadanos dentro de la Unión.

▌ Cómo llegar

En autobús. No hay ninguna empresa que cubra el trayecto España-Grecia, por lo que si se desea hacer el viaje en este medio de transporte, será necesario cambiar de línea.

En avión. Teniendo en cuenta la distancia y la situación geográfica de Grecia, viajar en avión parece lo más razonable, además las compañías low cost han hecho que el precio sea muy asequible. Desde Madrid, *Iberia* (www.iberia.com) y *Aegean* (www. es.aegeanair.com) ofrecen varios vuelos diarios a Atenas. Desde Barcelona parten vuelos de *Aegean* y *Vueling* (www.vueling.com), mientras que *Aegean* también cuenta con algunas frecuencias hacia Málaga. Durante la temporada turística hay vuelos chárter a Atenas operados por conocidas agencias españolas como *Iberojet*. Otras compañías ofrecen billetes con escala en alguna ciudad europea.

En coche. La capital de Grecia está a más de 3.000 km de la capital de España, por lo que el viaje por carretera solo resulta interesante si la estancia va a ser prolongada.

En cuanto a las posibles rutas, en Italia se puede coger un barco desde Ancona, Bari y Brindisi a la ciudad griega de Patra. Existen también barcos con salida desde Venecia y Trieste, aunque suelen ser más caros y menos frecuentes.

Conviene recordar que al precio de los billetes habrá que sumarle los gastos de los peajes italianos, además de otros que presumiblemente surgirán durante el camino (alojamiento, comida, etc).

En tren. Llegar en tren a Atenas es una opción interesante para los aficionados a este medio de transporte, pero económicamente solo interesa si se adquiere un billete de *InterRail* o *Eurodominó,* un pase europeo con un período de validez de 3 a 8 días. De no ser así, el viaje saldría más caro que en avión.

El sistema **InterRail** divide Europa en ocho zonas geográficas y se pueden adquirir tarjetas válidas para una zona, dos, tres o para todas ellas. Grecia está incluida en la *zona G,* junto con Italia, Eslovenia y Turquía.

Para viajar desde España, hay dos posibles rutas: por Italia (la más económica) o por los Balcanes. Cualquiera de ellas supone un viaje largo y cansado, por lo que será necesario echarle tiempo y ganas.

Para más información: *Renfe* (www.renfe.es).

También se pueden consultar las páginas web *www.bahn.de,* con información de los recorridos y horarios de los trenes en toda Europa, y *www.interrail.eu,* donde se encontrarán todos los datos sobre esta modalidad de billete.

▌ Cuándo ir

La mejor época para visitar Atenas es la **primavera,** cuando las temperaturas aún no han alcanzado sus cotas máximas y el aroma de los naranjos en flor inunda la ciudad. También se evitará la saturación propia de los meses de verano, lo que, junto con las altas temperaturas, es la desventaja principal de visitar la ciudad durante julio o agosto.

La **Semana Santa** (Pascua ortodoxa, una semana después de la Semana Santa católica), el **Carnaval** y el **primer lunes de Cuaresma** *(Katharí Deftera)* también son épocas apropiadas para visitar Atenas y, en general, cualquier punto del país, ya que son festividades que se celebran con diversos actos al aire libre. Las fechas de estas celebraciones no coinciden con las católicas, así que habrá que dirigirse a la oficina de turismo para informarse.

▌ Qué llevar

En verano es aconsejable llevar algo para cubrirse la cabeza y crema protectora para el sol, aunque solo se visiten sitios arqueológicos. También un calzado apropiado para estas visitas, ya que muchos viajeros se llevan de recuerdo algún que otro resbalón.

La vida nocturna en la capital de Grecia es muy intensa, así que también se puede llevar algo más apropiado para salir. Los griegos tienen la costumbre de ponerse sus mejores galas para salir de noche.

Para visitar iglesias, monasterios y conventos, hombres y mujeres han de evitar llevar pantalones cortos y los brazos descubiertos, mientras que las mujeres han de llevar obligatoriamente falda. Si la vestimenta de las visitantes no es la adecuada, en la mayoría de los templos religiosos se prestan unas rudimentarias prendas.

▌ Clima

En Atenas los veranos son muy calurosos (julio: 22-32 ºC), con temperaturas que superan los 40 ºC y niveles de humedad algo elevados.

Los inviernos no son demasiado fríos (enero: 6,6-12 ºC; noviembre: 11-18 ºC) y raramente se alcanzan temperaturas por debajo de los 0 ºC.

DURANTE LA ESTANCIA

Llegada

Desde Madrid, *Iberia* ofrece dos vuelos diarios a Atenas, tres en temporada alta, mientras que la compañía griega *Aegean Airlines* cubre el trayecto Madrid-Atenas una vez al día. Desde Atenas esta compañía facilita conexiones con la mayoría de aeropuertos del país. Desde Barcelona hay vuelos directos a Atenas con *Aegean Airlines* y con *Vueling*. *Aegean* también cuenta con vuelos directos desde el aeropuerto de Málaga. *Turkish* opera vía Estambul, siendo otra opción desde Madrid o Barcelona. *Cobalt* lo hace vía Chipre desde Madrid siendo también una alternativa económica. *Sky Express* conecta con algunas de las islas. Si el vuelo es directo, su duración será de 3 o 3 horas y media. El aeropuerto de Atenas es **Eleftherios Venizelos,** a 33 km del centro (coste de la carrera en taxi, 40 €).

Conducir en Atenas

Los ciudadanos de la Unión Europea solo necesitan tener el permiso de conducir en regla y llevar la documentación del coche y del seguro. Es fundamental saber que en Atenas los coches solo pueden circular en el centro, en una zona conocida como *daktilios* (anillo), días alternos, dependiendo de su número de matrícula: los días pares circulan los coches con matrícula par y viceversa.

Si se conduce por una de las dos carreteras nacionales, hay que adaptarse a la forma de circular de los nativos, que no dudan en utilizar el arcén para facilitar los adelantamientos, de modo que a nadie le extraña ver venir a un coche de frente a velocidad de vértigo. También hay que advertir que los semáforos y, muy especialmente, los pasos de cebra son interpretados con frecuencia como simples sugerencias y no como obligaciones, por lo que al cruzar habrá que ser muy precavido y mirar en todas las direcciones. Mucho cuidado en las esquinas, porque aunque el semáforo indique preferencia para el peatón, es normal que los automóviles pasen y hagan caso omiso.

La **gasolina** tiene aproximadamente el mismo precio que en España. Hay súper y sin plomo *(amólibdi),* pero no gasóleo.

Alquiler de coches

Los precios varían dependiendo del modelo, de la época del año y de los días que se alquile el vehículo. Además, el contrato puede incluir una cláusula que

| Idioma

El griego no es un idioma fácil de aprender debido a su compleja sintaxis. Sin embargo, sus sonidos son muy similares a los del español, por lo que no cuesta mucho trabajo pronunciarlo. Aunque son muchos los griegos que hablan un inglés más que aceptable, agradecen el esfuerzo del extranjero que intenta pronunciar algunas palabras en su idioma. En las zonas turísticas sorprenderá la gran cantidad de personas que se defienden en español.

| Glosario

Castellano	Transcripción	Castellano	Transcripción
Alojamientos			
hotel	xenodojío	pensión	pansión
hab.indiv.	monóklino	hab.doble	díklino
una noche	mía dianiktérevsi	reserva	krátisi
servicio hab.	ipiresía domatión	toalla	pechéta
baño	banio	ducha	dus
agua caliente	sestó neró	llave	klidí
ascensor	asansér	vistas al mar	me zea stin zálasa
recepción	ipodojí, resepsión		
Banco y Correos			
banco	trápesa	cheque	epitayí
tarjeta de crédito	pistotikí karta	comisión	promízia
correos	tajidromío	carta	gráma
postal	kart-postál	sello	gramatósimo
Restaurantes			
restaurante	estiatório	cuenta	logariamós
desayuno	proinó	aperitivos	orektiká
postre	epidórpio	yogur	yaúrti
té	chai	leche	gála
pan	psomí	fruta	frúta
cerveza	bíra	vino	krasí
helado	pagotó	agua	neró
Transporte			
avión	aeropláno	aeropuerto	aerodrómio
estación de tren	stazmós	autobús	leoforío
estación de bus	stazmós tu ktel	barco	plío, karávi
un billete a…	éna isitírio yia…	ida y vuelta	píyene-ela
taxi	taxí	¿Cómo se va a…?	Pos páme sto…
Varios			
si/no	ne/óji	por favor	parakaló
gracias	efjaristó	hola/adiós	yia su/yia sas
buenos días	kaliméra	buenas tardes	kalispéra
buenas noches	kaliníjta	perdón	signómi
¿Cuánto cuesta?	Póso káni…	abierto/cerrado	anijtó/klistó

❚ Teléfonos de interés

Oficina de Turismo de Atenas: Thosa 7. Telf. 210 870 7000.
Oficina de Información Turística Aeropuerto. Venizelos. Llegadas. Telf. 210 353 0445-8.

establece un suplemento si se recorren más de 100 km. Para alquilar un coche se exige que el conductor haya cumplido 21 años, y en algunas agencias, 23. En Atenas, la mayoría de las empresas internacionales de alquiler de coches están en Leoforos Singrou y al final de Leoforos Amalías. A veces conviene dirigirse a agencias pequeñas, que suelen hacer descuentos. Entre las principales agencias están: *Asset Rent a Car* (Leoforos Andrea Siggrou 1. Telf. 210 921 0006), *Auto Union* (Leoforos Andrea Siggrou 79. Telf. 210 322 4951), *Avis y Budget* (Leoforos Andrea Siggrou 23. Telf. 210 322 4951), *Hertz* (Leoforos Andrea Siggrou 25. Telf. 211 108 4400), *Ilios* (Solonos 138. Telf. 210 382 4059).

❚ Trasporte público

Vuelos nacionales. *Olympic Air* y *Aegean Airlines* ofrecen vuelos a todos los aeropuertos del país, con mayor frecuencia durante los meses de la temporada turística. Como muchos aeropuertos son pequeños, los aviones también lo son, por lo que conviene reservar plaza cuanto antes.
Trenes. Ninguna isla posee red ferroviaria.
Autobuses. Los autobuses interurbanos (KTEL, telf. 210 880 8000, www.ktelattikis.gr) cuentan con una amplia red que hace posible trasladarse a casi todos los lugares de interés del país. Suelen ser más rápidos y económicos que el tren.
Barco. En un país con innumerables islas, es lógico que el transporte marítimo sea fundamental. Por suerte, en los últimos años la flota se ha modernizado, aunque los precios de los billetes para los barcos más rápidos y modernos son bastante elevados. En temporada alta (julio, agosto y Pascua) suele ser difícil encontrar plazas. Los puertos más importantes del país son El Pireo y Rafina (islas Cícladas, del noreste del Egeo, Sarónicas, Dodecaneso y Creta) y los de Patra, Kilini, Igumenitsa y Astakós (para las islas del mar Jónico). A las islas Espóradas se accede desde Volos o Agios Konstantinos.

❚ Metro

Existen tres líneas de metro que conectan el área metropolitana de Atenas y su centro histórico. Las líneas roja, verde y azul (lleva al aeropuerto) tienen su centro en Monastiraki y Síntagma que junto a las paradas de Akropoli, Thisio, Omonia y Evangelismos acceden a los principales puntos turísticos del centro. El coste del billete es de 1,20 € (90 min) o 4,10 € (24 h) y sirve para transporte múltiple, también en autobús (www.oasa.gr).

Teléfonos

Para llamar a Grecia desde España hay que marcar 0030, seguido del prefijo de la zona y el número de abonado. Para llamar a España hay que marcar el código 0034 y después el teléfono del abonado. Si se llama desde una cabina será necesario comprar una **tilekárta** (tarjeta telefónica), de venta en los quioscos. En cuanto a los móviles, se pueden utilizar en Grecia sin ningún problema. Si es la primera vez que se utiliza en el extranjero, se debe pedir a la compañía la activación del servicio de *roaming*. Los operadores griegos son *Wind, Cosmote* y *Vodafone*.

Desde junio de 2017 llamar por teléfono móvil dentro de la Unión Europea es gratuito. Es decir, podemos hablar por teléfono o navegar por internet utilizando la misma tarifa que tenemos contratada en España. Es conveniente de todas formas llamar a nuestra compañía antes de salir de España para verificar que nuestra tarifa es compatible con el roaming gratuito.

Correos

Las oficinas de Correos *(Tajidromío)* suelen estar abiertas de lunes a viernes de 7.30 h a 14 h. En el centro de las grandes ciudades hay algunas oficinas centrales con horarios más amplios (tardes y fines de semana). Los buzones son de color amarillo o rojo (para la correspondencia urgente).

Descuentos

Con el **Carné Internacional de Estudiante** (ISIC) se puede entrar gratis a los museos y sitios arqueológicos dependientes del Estado, además de obtener descuentos en acontecimientos culturales, en algunos hoteles y en agencias de alquiler de coches. El carné no sirve para los medios de transporte urbanos ni interurbanos (solo los estudiantes griegos disfrutan de descuentos).

El **Carné Joven Europeo** también da derecho a ciertos descuentos en productos y servicios (información en los institutos de la juventud, oficinas de turismo joven y en www.eyca.org).

Los niños suelen entrar gratis a la mayoría de museos y yacimientos arqueológicos, mientras que los mayores de 65 años disfrutan de tarifas reducidas.

Museos, monumentos y restos arqueológicos

Desde el 1 de abril hasta el 31 de octubre, el horario de los museos y sitios arqueológicos públicos es de 8 h a 19.30 h. El resto del año permanecen abiertos de 8.30 h a 15 h (lunes cerrado). En cuanto a las en-

Teléfonos de emergencia

Bomberos: 199
Policía: 100
Policía Turística: 1571
Urgencias: 166
EKAB. Ambulancias: 166
Hospitales de guardia: 14944
Policía Aeropuerto. 210 353 6919

tradas, para los estudiantes es gratuita (con el ISIC o un carné de alguna universidad). También hay un pase que por 30 € permite visitar la Acrópolis, su museo, el teatro de Dionisos y el odeón de Herodes Ático, el Ágora griega, el Ágora romana, el Cerámico y el templo de Zeus Olímpico durante 5 días.

En todos los museos y sitios arqueológicos estatales hay **entrada libre** los domingos desde el 1 de noviembre hasta el 31 de marzo, las fiestas oficiales, el 6 de marzo (aniversario de la muerte de Melina Mercouri), el 18 de abril (Día Mundial del Monumento), el 18 de mayo (Día Mundial del Museo), el 5 de junio (Día Mundial del Medio Ambiente) y el último fin de semana del mes de septiembre. También en los museos privados se realizan importantes **descuentos** a quienes posean el carné de estudiante, por lo que conviene mostrarlo siempre a la hora de comprar la entrada.

Sanidad

El sistema público de salud dista mucho de alcanzar un nivel satisfactorio. Ante un problema de salud grave, los griegos que pueden permitírselo prefieren dirigirse a los hospitales privados, de elevado coste. En general, en los hospitales públicos griegos atienden de forma gratuita a los visitantes sin exigir muchos papeles. En cualquier caso, la **Tarjeta Sanitaria Europea,** que proporciona de manera gratuita la Seguridad Social en España, reconoce el derecho a recibir cobertura sanitaria en los países de la Unión Europea. En el caso de tener que acudir a un hospital, conviene saber que hay que pagar las radiografías, análisis u otras pruebas necesarias. Si se conservan los recibos, puede solicitarse el reintegro de los mismos a la vuelta.

Farmacias

Para saber dónde hay una farmacia de guardia hay dos opciones: mirar la lista de establecimientos que hay en la puerta de cualquiera de ellas (en caracteres griegos y latinos) o llamar al **teléfono 107**.

Índice de lugares

Alrededores